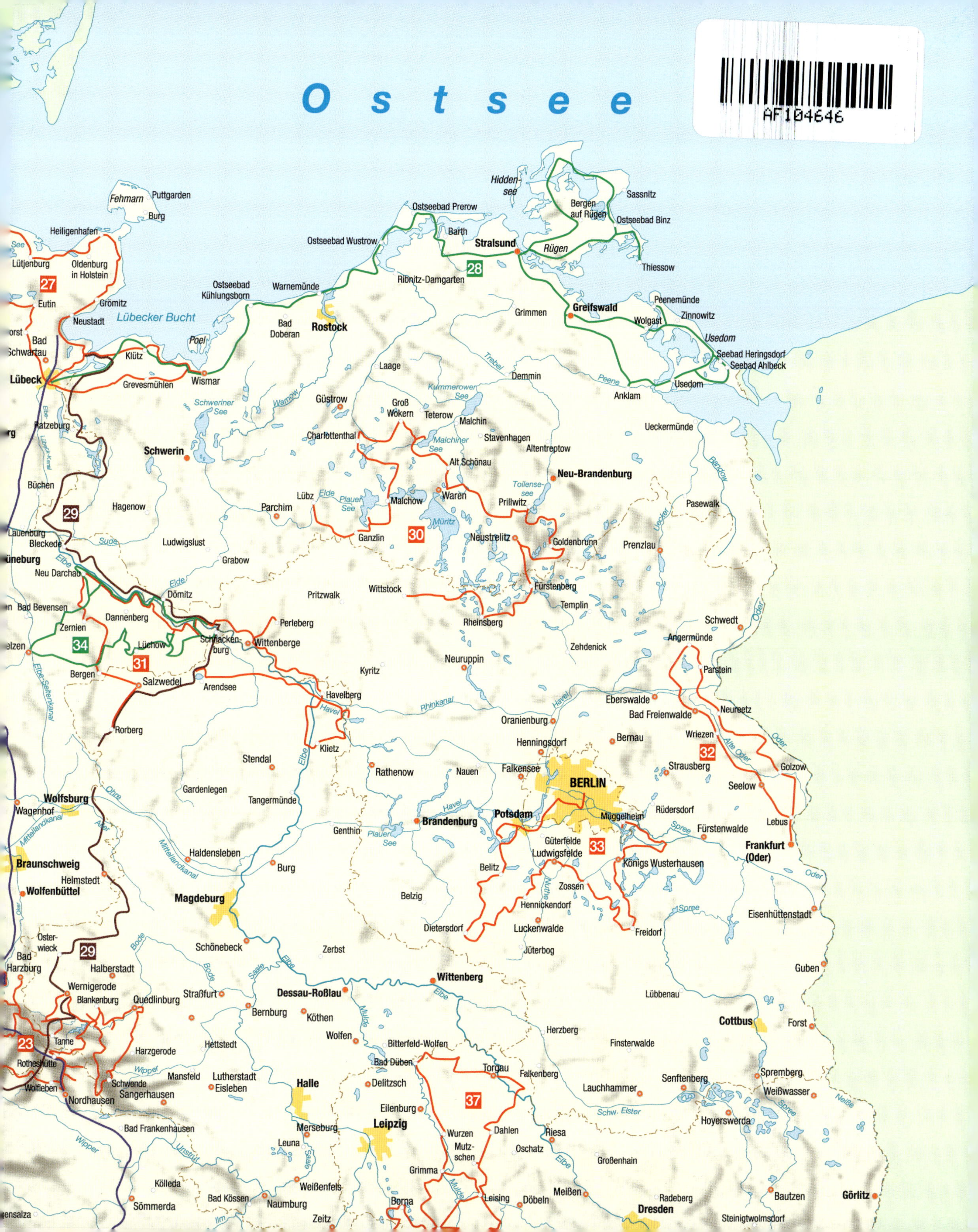
Ostsee
Fehmarn
Puttgarden
Burg
Heiligenhafen
Lütjenburg
Oldenburg in Holstein
27
Eutin
Grömitz
Neustadt
Lübecker Bucht
Bad Schwartau
Lübeck
Klütz
Grevesmühlen
Poel
Wismar
Ostseebad Kühlungsborn
Warnemünde
Bad Doberan
Rostock
Ostseebad Wustrow
Ostseebad Prerow
Barth
Stralsund
28
Ribnitz-Damgarten
Hiddensee
Bergen auf Rügen
Sassnitz
Ostseebad Binz
Rügen
Thiessow
Grimmen
Greifswald
Peenemünde
Zinnowitz
Wolgast
Usedom
Seebad Heringsdorf
Seebad Ahlbeck
Usedom
Anklam
Peene
Demmin
Trebel
Laage
Kummerower See
Güstrow
Warnow
Schweriner See
Groß Wokern
Teterow
Malchin
Charlottenthal
Malchiner See
Stavenhagen
Altentreptow
Alt Schönau
Ueckermünde
Ratzeburg
Schwerin
Neu-Brandenburg
Tollense-see
Prillwitz
Waren
Lübz
Elde
Plauer See
Malchow
Müritz
Parchim
Büchen
Elbe-Lübeck-Kanal
29
Hagenow
Ganzlin
30
Neustrelitz
Goldenbrunn
Prenzlau
Pasewalk
Randow
Uecker
Lauenburg
Bleckede
Sude
Ludwigslust
Grabow
Lüneburg
Neu Darchau
Elbe
Elde
Dömitz
Pritzwalk
Wittstock
Fürstenberg
Templin
Rheinsberg
Bad Bevensen
Dannenberg
Zernien
34
Lüchow
Schnackenburg
Perleberg
Wittenberge
Uelzen
31
Bergen
Salzwedel
Arendsee
Kyritz
Neuruppin
Zehdenick
Schwedt
Oder
Angermünde
Parstein
Elbe-Seitenkanal
Havelberg
Havel
Rhinkanal
Havel
Oranienburg
Eberswalde
Bad Freienwalde
Neureetz
Rorberg
Klietz
Hennigsdorf
Bernau
Wriezen
Oder
Alte Oder
32
Stendal
Elbe
Rathenow
Nauen
Falkensee
BERLIN
Strausberg
Golzow
Seelow
Wolfsburg
Wagenhof
Gardenlegen
Ohre
Aller
Tangermünde
Havel
Brandenburg
Potsdam
Müggelheim
Rüdersdorf
Lebus
Mittellandkanal
Genthin
Plauer See
Spree
Fürstenwalde
Güterfelde
Ludwigsfelde
33
Frankfurt (Oder)
Braunschweig
Helmstedt
Haldensleben
Mittellandkanal
Burg
Belitz
Königs Wusterhausen
Wolfenbüttel
Magdeburg
Belzig
Nuthe
Zossen
Hennickendorf
Spree
Oder
Eisenhüttenstadt
Dietersdorf
Luckenwalde
Freidorf
Osterwieck
29
Bode
Schönebeck
Zerbst
Jüterbog
Bad Harzburg
Halberstadt
Bode
Saale
Elbe
Guben
Wittenberg
Wernigerode
Straßfurt
Dessau-Roßlau
Elbe
Blankenburg
Quedlinburg
Lübbenau
Bernburg
Köthen
Mulde
Cottbus
Forst
23
Tanne
Harzgerode
Hettstedt
Wolfen
Bitterfeld-Wolfen
Herzberg
Finsterwalde
Rotheshütte
Wipper
Bad Düben
Torgau
Falkenberg
Spremberg
Schwende
Mansfeld
Lutherstadt Eisleben
Halle
Delitzsch
Senftenberg
Wolfleben
Sangerhausen
Lauchhammer
Weißwasser
Nordhausen
Eilenburg
37
Schw. Elster
Spree
Neiße
Hoyerswerda
Bad Frankenhausen
Merseburg
Leipzig
Wurzen
Dahlen
Riesa
Unstrut
Leuna
Saale
Mutzschen
Oschatz
Wipper
Großenhain
Elbe
Grimma
Mulde
Kölleda
Weißenfels
Meißen
Radeberg
Bautzen
Görlitz
Bad Kösen
Naumburg
Borna
Leising
Döbeln
Dresden
Sömmerda
Ilm
Zeitz
Steinigtwolmsdorf
Salza
AF104646

Die schönsten Motorradtouren in Deutschland

Rudolf Geser, Heinz E. Studt, Markus Golletz, Jo Deleker

Die schönsten Motorradtouren in Deutschland

40 Touren von den Alpen bis an die Nordsee

Inhalt

Vorwort / Einleitung 6

1 Am Bodensee 10
Rundtour um den größten See des nördlichen Alpenvorlandes

2 Hitzefrei-Option 14
Der Schwarzwald ist Kult – auch für Biker

3 Auf der Schwäbischen Alb 18
Burgen, Schlösser und Höhlen der Alb

4 Entlang der Donau 22
Vom Naturpark Obere Donau zur Grenze von Österreich

5 Grenz-Schlängeln im Allgäu 26
Zwischen Königsschlössern, Bodensee und Vorarlberg

6 Zu Kochelsee und Walchensee 30
Über die Kesselbergstraße

7 Über Sudelfeld und Tatzelwurm 32
In den Schlierseer Bergen

8 Im Fünf-Seen-Land 34
Zu den Gletscherseen der Eiszeit

9 Reinheit als oberstes Gebot 36
Biergenuss und Motorradfahren – geht das überhaupt?

10 Durch das Altmühltal 38
An Bayerns »schüchternstem« Fluss

11 Im Land des Regens 42
Der Bayerische Wald gehört in dieses Buch – ohne Zweifel

12 Bildschönes Kleinod 46
Unterwegs zwischen Haßgau und Grabfeld

13 Zwischen Hopfen und Weinreben 50
Fränkisches Weinland – von Mainfranken bis Bierfranken

14 Wo der Rhein am schönsten ist 54
Entlang des Mittelrheins von Köln bis Rüdesheim

15 Wald, Wald und nochmals Wald 58
Auf Abwegen durch den »Spechtswald«

16 Rhön-Radeln – im Land der offenen Fernen 60
Zum motorisierten Gipfelsturm im Biosphärenreservat

17 Märchenhafte Straße 62
Von den Bremer Stadtmusikanten zu den Brüdern Grimm

18 Kurvenreiche Fluss-Erfahrung 66
Die Mosel – eine deutsch-französische Erfolgsgeschichte

19 Wein gibt's nicht nur am Rhein 70
Mit einer Royal Enfield durchs Ahrtal und in die Efel

20	**Durchs Bergische Land** 74		**31**	**Naturparadies an der innerdeutschen Grenze** .. 118
	Ins Lieblingsrevier der Kölner, Düsseldorfer und Wuppertaler Biker			Altmark & Prignitz begegnen sich an der Elbe
21	**Verbotenes Land** 78		**32**	**Oderbruch** 122
	Rund um Paderborn, durch die Senne und Ostwestfalen			Durch den »Gemüsegarten von Berlin«
22	**Lügengeschichten an der Weser** 82		**33**	**Endurotour durch Teltow-Fläming** 126
	Flüssige Kurven zwischen Leine, Weser und Teutoburger Wald			Berlins Süden – durch Märkischen Sand
23	**Ostalgischer Ostharz** 86		**34**	**Pure Entschleunigung im Wendland** 130
	Zwischen Dampfloks, Cowboys und Schierker Feuerstein			Wo die Uhren langsamer gehen: Hannoversches Wendland
24	**Norddeutschland ist lila** 90		**35**	**Herrlich grüne Lunge** 134
	Wacholder, Wolf & Heide – unterwegs in einer einzigartigen Landschaft			Unterwegs zwischen Wald und Weltraum
25	**Deichgeschichten** 94		**36**	**Dreieckstour im Thüringer Wald** 138
	Unterwegs zwischen Ebbe und Flut			Herzerfrischend & automobil – zwischen Wartburg, Schleiz und Suhl
26	**Zwischen Ebbe und Witzwort** 98		**37**	**Bock auf Osten!** 142
	Nordfriesland ist so gänzlich anders als erwartet			Sächsisches Burgenland – Ringelnatz lässt schelmisch grüßen
27	**Welch gelungener Zweiakter!** 102		**38**	**Die Deutsche Alpenstraße** 146
	Die Ostseeküste – erster Akt			Vom Berchtesgadener Land zum Bodensee
28	**Hinterm Eisernen Vorhang** 106		**39**	**Über die Romantische Straße** 150
	Die Ostseeküste – zweiter Akt			Vom Main zu den Märchenschlössern König Ludwigs II.
29	**Grenzerfahrungen** 110			
	Eine Reise gegen das Vergessen		**40**	**Von den Alpen zur Ostsee** 154
30	**Mit dem Motorrad auf Badetour** 114			Von der höchsten Alpenstraße Deutschlands zum Timmendorfer Strand
	Müritz, Mücken und Tom-Sawyer-Romantik			

Register 158
Impressum 160

Unterwegs in Deutschland

Um ehrlich zu sein, mein Radius als Motorradfahrer beschränkte sich bisher weitgehend auf den Süden Deutschlands. Vor allem die Bayerischen Alpen und das Alpenvorland waren das bevorzugte Gebiet. Weitere Reisen führten hauptsächlich in die Alpen oder über diese hinweg nach Süden. Nach meinen jetzigen Touren für dieses Buch durch Deutschland muss ich sagen, dass ich dabei einiges versäumt habe. Deutschland bietet eine Vielzahl von traumhaften Motorradstrecken, die jederzeit mit den schönsten Routen im Ausland konkurrieren können. Dazu ist Deutschland ein ausgesprochen abwechslungsreiches Reiseland mit einer vielseitigen Landschaft, wie ich es mir nie hätte träumen lassen.

Wo also beginnen bei der Vielzahl der Reiseziele, die sich hier bieten? Nun, vielleicht im Südwesten Deutschlands, an der Grenze zu Österreich und der Schweiz, wo inmitten einer landschaftlichen Symbiose aus Wasser und sanften Hügeln, Wind und Sonne, Alpengipfeln und mildem Klima der Bodensee liegt.

Dann geht es hinauf in den Schwarzwald, der mit seinen von dunklen Tannen und Mischwäldern bedeckten Bergkuppen wohl als das abwechslungsreichste Mittelgebirge Deutschlands anzusehen ist. Die Schwäbische Alb und die Donau mag man auf den ersten Blick nicht mit dem Motorradfahren in Zusammenhang bringen, dennoch bieten sich auch hier wunderschöne Landschaften.

Weit über die Grenzen Bayerns hinaus bekannte Motorradstrecken wie das Oberjoch, der Kesselberg oder das Sudelfeld stellen dagegen wieder höhere Ansprüche an das fahrerische Können. Gemächlicher, wenngleich nicht weniger schön, ist eine Tour im Fünf-Seen-Land oder der Hallertau. Auch das Altmühltal, wo trutzige Burgen auf steilen Dolomitzacken über tief unten zwischen Fels und Fluss eingezwängten Dörfchen thronen, ist längst kein Geheimtipp mehr. Besonders schön ist es dort im Herbst, wenn das Laub der Mischwälder auf den Höhenzügen in starkem Kontrast zu den weißen Kalkfelsen steht und die Besucherströme langsam nachzulassen beginnen.

Motorradfahren kann man aber auch entlang der Mosel und des Rheins, zu denen wiederum die Mittelgebirge, vom Bayerischen Wald über das Elbsandsteingebirge bis zum Harz, mit ihren teilweise rauen Landschaftsbildern einen reizvollen Kontrast bilden. Flacher wird die Landschaft, je weiter man sich nach Norden hinaufarbeitet, über das Bergische Land, die Eifel und das Weserbergland bis in die Lüneburger Heide und schließlich an die Nord- und Ostseeküste. Auch die Touren an den Mecklenburgischen Seen, durch die Altmark, entlang des Oderbruchs oder südlich von Berlin finden in der Ebene statt, durch Felder und beschauliche Park- und Alleenlandschaften oder mit reichlich Kultur, wie im Sächsischen Burgenland. Auf den Spuren der Geschichte fährt man am Grünen Band, der alten innerdeutschen Grenze, entlang.

Auf Deutschlands Fernstraßen wird man zwar kaum allein unterwegs sein, dafür aber setzt beispielsweise die Deutsche Alpenstraße vom Berchtesgadener Land bis zum Bodensee mit so bekannten Regionen wie dem Karwendel und dem Wettersteingebirge, dem Werdenfelser Land und dem östlichen und westlichen Allgäu, um nur einige zu

Motorradfahren in Deutschland hat unendlich viele Facetten. Schalten Sie eine Gang runter, genießen Sie die Details – egal ob in den hübschen Kleinstädten oder der wunderbaren Natur.

nennen, landschaftliche Glanzpunkte. Dies gilt auch für die Romantische Straße von Würzburg nach Füssen, vorbei an Städten, die ihr historisches Gesicht bis heute bewahrt haben. Und die Deutsche Märchenstraße lässt nicht nur die Märchen und Sagen unserer Kindheit – von den Bremer Stadtmusikanten über den Rattenfänger von Hameln bis zu Dornröschens Märchenschloss – wieder lebendig werden, an manchen Streckenabschnitten ist auch der Kurvenverlauf märchenhaft. Und wer will, kann all die Eindrücke, die Deutschland zu bieten hat, bei einer Durchquerung von den Alpen bis hinauf zur Ostsee auf einer einzigen großen Reise sammeln.

Deutschland verfügt über eine ausgezeichnete Infrastruktur für Motorradfahrer, von Autobahnen und Bundesstraßen, die für ein schnelles Vorwärtskommen sorgen, bis zu kleinen kurvigen Nebenstraßen, die das Salz in der Suppe des Motorradfahrens ausmachen, reicht. Auch Gastronomie und Touristikbetriebe stellen sich mehr und mehr auf die Bedürfnisse der Motorradfahrer ein.

Eine nicht unwichtige Rolle für den Motorradreisegenuss spielt natürlich das Wetter – es spielt leider in unseren Breiten nicht immer so mit, wie man es sich als Motorradfahrer wünschen würde. Deshalb gilt: Vor jeder Unternehmung den Wetterbericht hören, dann ist dieser Nachteil bestimmt oft wettzumachen.

Die Sperrung besonders beliebter Motorradstrecken wurde immer wieder ins Gespräch gebracht, und in einigen Fällen leider auch schon in die Tat umgesetzt. Daher noch eine Bitte: Halten Sie sich an die Geschwindigkeitsbegrenzungen und drehen Sie in Ortschaften den Gashahn lieber etwas weiter zu als zu weit auf, um weitere Maßnahmen in dieser Richtung überflüssig zu machen.

Somit verbleibt mir nur noch, Ihnen im Namen aller Autoren, bei Ihren Touren viel Spaß, gutes Wetter und natürlich einen unfallfreien Verlauf zu wünschen.

Rudolf Geser

Weserblick mit Panorama gibt es auf dem Weg zur Ottensteiner Hochebene.

Die Touren

1 Am Bodensee

Rundtour um den größten See des nördlichen Alpenvorlandes

Gut informiert bin ich nach Lindau am Bodensee gekommen. Ich weiß, dass der Bodensee, dessen Umrundung ich mir zum Ziel gesetzt habe, mit einer Länge von 69 Kilometern, einer durchschnittlichen Breite von zehn Kilometern und einer Gesamtausdehnung von 539 Quadratkilometern der größte See des nördlichen Alpenvorlandes ist. Die Region um den See ist eine uralte Kulturlandschaft, deren Geschichte mit den Pfahlbauten im Nordwesten des Sees bis in die Jungsteinzeit zurückreicht.

Gelesen habe ich, dass die Landschaft eine Symbiose zwischen Wasser und sanften Hügeln, Wind und Sonne, Alpengipfel und mildem Klima sein soll, in der sich in den Anrainerstaaten Österreich, Schweiz und Deutschland eine Ferienlandschaft erster Güte entwickelt hat. Was ich allerdings etwas unterschätzt hatte, war die Tatsache, dass die etwa 260 Kilometer lange Strecke durch viele Dörfer und Städte führt und ich deshalb fast versucht war, diese Tour in »Städterundfahrt um den Bodensee« umzubenennen. Wer also Ruhe und Beschaulichkeit vorzieht, wird hier nicht immer auf seine Kosten kommen. Trotzdem ist die Umfahrung ein einmaliges Erlebnis, und wem es an Stadt-

besichtigungen zu viel wird, der kann den See mit einem Dampfschiff der Weißen Flotte überqueren und erheblich abkürzen. Noch bin ich voller Tatendrang, als ich die Brükke, die die alte Inselstadt mit dem Festland verbindet, überquere und über die Bregenzer Straße Richtung Bregenz fahre. Kurz danach wechsle ich beim ehemaligen Zollamt Hörbranz-Unterhochsteg nach Österreich über. Vor mir zeigt sich der Pfänder, deutlich erkennbar an der hoch aufragenden Antennenanlage des Fernseh- und Rundfunksenders. In Bregenz mache ich einen kurzen Abstecher zur Seebühne hinunter, die als größte der Welt gilt und gut 6000 Personen Platz bietet, um mich wenig später schon wieder von Österreich zu verabschieden, als ich beim Zollamt Rheineck/Gaißau in die Schweiz überwechsle.

Romanshorn – wo der See am tiefsten ist

In Rorschach lockt mich ein Hinweisschild mit der Aufschrift »Osci's Fischbeiz« zu einem Gasthof etwas abseits der Hauptstraße, wo ich feststellen kann, dass die Aussagen über die hervorragenden Fischgerichte in dieser Region nicht übertrieben sind. Gestärkt rolle ich so in Arbon ein, einem wehrhaften Städtchen, dessen altes Schloss von einigen Kanonen bewacht wird. Langsam wird die Umgebung ländlicher, und war ich bisher fast nur von Häusern begleitet, zeigen sich nun Wiesen, weidende Kühe und Obstgärten. Dann nimmt mich aber mit Romanshorn schon wieder eine Stadt auf, deren Hafen als größter des Bodensees am Schweizer Ufer gilt. Hier, habe ich gelesen, hat der See mit 14 Kilometern seine größte Breite, und auch die größte Tiefe wird hier mit 152 Metern auf der Linie nach Friedrichshafen gemessen.

Vor allem im Süden – hier bei Arbon – führen die panoramareichen Straßen oftmals direkt auf Tuchfühlung am See entlang.

Die Altstadt von Arbon ist reich gesegnet an herrlich restauriertem Fachwerk. Über allem wacht Schloss Arbon.

Hin und wieder erlaubt die Straße schöne Ausblicke auf den See, bevor wieder das Verkehrsgewühl von Kreuzlingen meine Aufmerksamkeit beansprucht. Ich überlege, ob ich hier nach Konstanz überwechseln und somit die Tour beträchtlich abkürzen soll. Nach nur kurzer Überlegung entschließe ich mich, weiter am See entlangzufahren. Belohnt werde ich damit, dass hinter Stein am Rhein, dem westlichsten Punkt der Tour, endlich schöne, kurvige Landstraßen auf mich warten, auf denen man wieder mehr das Gas als die Bremse benutzen kann. Fast wäre darüber das schöne Stadtbild von Stein am Rhein zu vergessen, das zu den am besten erhaltenen mittelalterlichen Städten im deutschsprachigen Raum zählt.

Nur wenige Meter hinter dem Ort verläuft die schweizerisch-deutsche Grenze und in Radolfzell biege ich wieder nach Osten Richtung Konstanz ab, da ich mir einen Besuch der Blumeninsel Mainau nicht entgehen lassen möchte.

Zur Geburtsstadt des Zeppelins

Fahrerisch wertvoll sind die hügeligen Landstraßen des Bodanrück, der hier den Zeller See vom Überlinger See trennt. Viel zu schnell führen sie mich über die Ortschaft Bodman nach Ludwigshafen, wo ich wieder auf die weitgehend reizlose Bundesstraße treffe. Unteruhldingen kann mit Pfahlbauten aufwarten und am Ortsende, beim Kiosk Mainausicht, mit einem schönen Ausblick hinüber zur Insel Mainau. In Meersburg besichtige ich die älteste bewohnte Burg Deutschlands und schließe den Rundgang durch die 28 Räume mit einem Stück Kuchen im gemütlichen Burgcafé ab.

Eigentlich wollte ich ja nicht mehr anhalten, aber in Friedrichshafen besuche ich doch noch das Bodenseemuseum im Rathaus, dessen Nordflügel dem Grafen Zeppelin gewidmet ist, der hier am 2. Juli 1900 sein erstes Luftschiff aufsteigen ließ. Nach dem Ort verlasse ich die viel befahrene Bundesstraße und wechsle auf ruhigere Landstraßen. Über Kressbronn, Nonnenhorn und Wasserburg geht es nun zwar langsamer, dafür aber viel abwechslungsreicher nach Lindau zurück.

Oben: Der Blick auf den Bodensee bei Romanshorn macht die Seele weit. Auch die Strandpromenade ist künstlerisch wertvoll.

Mitte: Sehenswertes Nordufer – Rund um Wangen begeistern touristische Wegweiser, die mit viel Liebe kreiert worden sind.

Unten: Die Perle vom Bodensee – Zweifelsohne zählt Lindau mit seinem historischen Hafen zu den schönsten Orten am Bodensee.

Informationen

Streckenverlauf:
Lindau – Bregenz – Lustenau – Rheineck – Rorschach – Arbon – Romanshorn – Kreuzlingen – Ermatingen – Steckborn – Stein am Rhein – Wangen – Horn – Moos – Radolfzell – Allensbach – Wollmatingen – Mainau – Litzelstetten – Dingelsdorf – Wallhausen – Dettingen – Langenrain – Liggeringen – Bodman – Ludwigshafen – Sipplingen – Überlingen – Unteruhldingen – Meersburg – Hagnau – Immenstaad – Friedrichshafen – Eriskirch – Moos – Kressbronn – Nonnenhorn – Wasserburg – Bad Schachen – Lindau

Streckenlänge:
265 km

Ausgangs- und Endpunkt:
Lindau am Bodensee

Anfahrt zum Ausgangspunkt:
Autobahn Memmingen–Bregenz A 96, Ausfahrt Sigmarszell

Übernachtung:
Lindau am Bodensee: Hotel Seerose, www.seerose-lindau.de; **Konstanz:** Gästehaus Centro, www.gaestehauscentro.de; **Meersburg/Bermatingen:** Hotel Buchberg, www.hotelbuchberg.com; **Friedrichshafen:** Seehotel Friedrichshafen, ww.seehotelfn.de

Campingplätze:
Radolfzell/Markelfingen Allensbach; Reichenau; Bodman; Überlingen; Hagnau; Immenstaad; Kressbronn

Streckensperrung:
Lindau: Einfahrt Alter Schulplatz (Inselkern) Samstag ab 13 Uhr und an Sonn- und Feiertagen ganzjährig. Zeppelinstraße Samstag ab 13 Uhr und an Sonn- und Feiertagen. In der Zwanzigerstraße ab Höhe Inselhalle Parkplatz (P4) Nachtfahrverbot von 21 bis 6 Uhr. **Überlingen:** Altstadt, Franziskanerstr. – Christophstr. zwischen Jakob-Kessenring-Straße – Marktstraße – Hafenstraße von 0–5 Uhr. Sankt -Ulrich-Str. zwischen Einmündungen Nußdorferstraße und Mühlbachstraße von 22–6 Uhr. Sperrung Kurgebiet, zwischen den Straßen Auf dem Stein und der Uhlandstraße ab der Einmündung Breitlestraße, von 20–8 Uhr. **Unteruhldingen:** Zufahrt von der L2 101 in die Seestraße und Richtung Schulstraße von 22–6 Uhr.

Sehenswürdigkeiten:
Lindau: Lindauer Hafen mit bayerischem Löwen und Leuchtturm, mittelalterliches Stadtbild, St.-Peters-Kirche mit Fresken von Holbein d. Ä.
Bregenz: Martinsturm in der Oberstadt, Landesmuseum am Kronplatz mit kulturgeschichtlicher Sammlung, größte Seebühne der Welt
Arbon: Altes Schloss mit Schlossturm und historischem Museum
Stein am Rhein: Sehenswertes mittelalterliches Stadtbild, Burg Hohenklingen
Radolfzell: Stadtmauer, Liebfrauenmünster, Reichsritterschaftshaus
Allensbach: St.-Nikolaus-Kirche, Heimatmuseum im alten Fachwerkhaus am Rathausplatz
Mainau: Blumeninsel Mainau mit Barockschloss und Gewächshäusern
Sipplingen: Modellauto- und Eisenbahnmuseum
Meersburg: Altes Schloss mit Dagobertsturm, Neues Schloss mit Dornier-Museum, Fürstenhäusle mit Droste-Hülshoff-Museum
Immenstaad: Schwörerhaus, Schloss Meersberg, Schloss Kirchberg
Friedrichshafen: Zeppelin-Museum im Städtischen Bodenseemuseum

2 Hitzefrei-Option

Der Schwarzwald ist Kult – auch für Biker

Das größte Mittelgebirge Deutschlands ist zugleich eine der beliebtesten Tourismusregionen der Republik. Ganz besonders natürlich für Wanderer. Aber auch uns Motorradfahrern hat die Region von Frühling bis Spätherbst richtig viel zu bieten. Vor allem auch dann, wenn es heißt, vor des Sommers schweißtreibenden Temperaturen in deutlich angenehmere Gefilde abzutauchen. Und falls die dann noch richtig kurvenreich sind, möchte man eigentlich gar nicht mehr weg!

Das schmucke Freiburg am Westrand des Schwarzwalds ist ein idealer Ausgangspunkt – die den Statistiken nach sonnigste Großstadt Deutschlands lädt mit ihrer historischen Altstadt zum Bummeln und Shoppen ein, und zahlreiche Cafés und Kneipen locken zum leckeren Einkehrschwung. Mein Tipp: Reisen Sie bereits am Vorabend an und genießen Sie die Flaniermeilen der Stadt! Richtung Osten verlassen wir früh am Morgen Freiburg und dringen kurz hinter Kirchzarten ins Höllental vor. Klingt gefährlich, ist es aber nicht. Bis zu 600 Meter ragen die trichterförmig zulaufenden Felswände rechts und links des Lenkers in die Höhe, und erst kurz vor dem Titisee weitet sich die Landschaft wieder. Der römische Feldherr Titus soll hier einst gelagert und im Angesicht der landschaftlichen Schönheit dem Gewässer spontan seinen eigenen Namen verliehen haben – welch eingebildeter Fratz.

Das grüne Band ist allgegenwärtig

Bunte Fachwerkpracht empfängt uns anschließend in Lenzkirch im Herz des Hochschwarzwalds und nur wenig nördlich des geheimnisvollen Schluchsees, seines Zeichens immerhin größter Schwarzwaldsee. Über Seebrugg tauchen wir ab in die schattigen Wälder drum herum, und kleine Straßen führen uns vorbei am mächtig goldenen Kessel der Rothaus Brauerei, einer der bekanntesten Brauereien Süddeutschlands.

Über Bonndorf und Waldshut-Tiengen geht es hinüber an den Rhein und nach Bad Säckingen. Hier im Dunstkreis von Lörrach wird der Verkehr deutlich lebhafter – höchste Zeit also, wieder Richtung Norden abzudrehen. Unzählige Burgen und Ruinen sollen rechts und links des Lenkers versteckt in dunklen Wäldern liegen, meint zumindest die mitgeführte Landkarte. Zu sehen ist von diesen aber meist wenig, doch der prächtige Kurvenschwung retour nach Freiburg entschädigt für entgangene historische Highlights.

Kontrastprogramm par excellence

Die zweite Tour beginnt mit einem Pflichttermin: der Fahrt auf den Schauinsland, den 1284 Meter hohen Hausberg Freiburgs. Auf kurvenreicher Piste geht es bergan, und rund um den Scheitelpunkt der Strecke bieten sich herrliche Aussichten auf das Freiburger Land und die Rheinebene.

Über Todtnau erreichen wir zügig den zweiten Höhepunkt des Morgens – den berühmten Feldberg, den höchsten Gipfel des Schwarzwaldes. Sein kahles Gipfelplateau auf 1493 Metern Höhe ist bestückt mit Hotels und Liftanlagen in herrlicher Lage. Noch einmal streifen wir dann den Titisee und widmen uns nun der Schwarzwald-Panoramastraße in Richtung St. Märgen.

Nicht nur für Kuckucksuhren ist der Schwarzwald ja weltberühmt – da gab es doch noch diese Klinik, wie hieß die gleich ...? Natürlich führt unser Weg auch durch das idyllische Glottertal, und von St. Märgen geht es Richtung Denzlingen.

Oben: Der Schwarzwald gleicht an Sommerwochenenden einem großen Bikertreff. Hier an der Schwarzenbach Talsperre.

Unten: Das Glottertal lebt auch heute noch von seiner Geschichte als Drehort von Deutschlands berühmtester Soap.

Vor allem Nebenstrecken wie bei Sankt Georgen machen Touren im Schwarzwald zu einem fahrerischen Leckerbissen.

Übrigens: Die vermeintliche »Schwarzwaldklinik« heißt eigentlich »Carlsbau im Glottertal«, und dieser beherbergt seit 2014 tatsächliche eine Klinik.
Entlang der Deutschen Uhrenstraße schwingen wir über Waldkirch nach Triberg. Überdimensionale Kuckucksuhren begrüßen uns hier in der Einkaufsstraße, und ebenso können wir Deutschlands höchsten Wasserfall bestaunen – auslaufend mitten im Ort. Sehenswert!

Unser Tag neigt sich dem Ende zu, und wir suchen uns im nahe gelegenen Freudenstadt ein Quartier. Dazu schwingen wir über Hornberg weiter nach Schramberg und entlang der Deutschen Uhrenstraße mitten hinein in die städtebauliche Perle des Nordschwarzwalds. Mit seinen Biergärten, Cafés und Restaurants bietet Freudenstadt den perfekten Ausklang eines noch perfekteren Motorradtages.

Über die älteste Ferienstraße Deutschlands

Sie vermissen in puncto Schwarzwald noch etwas? Zu Recht: Die berühmte Schwarzwald-Hochstraße ist unser Höhepunkt am letzten Tag in Deutschlands größtem Mittelgebirge. Erbaut zwischen 1928 und 1930 gilt die älteste Ferienstraße Deutschlands als eines der wichtigsten tou-

Oben: Befahrbare Geschichte – Im Pforzheimer Vorort Dillweißenstein enden unsere Touren auf »historisch wertvollen« Pfaden.

Unten: Mach mal Pause – Ausblicke wie hier im Südschwarzwald sind meistens mit herrlich gelegenen Rastplätzen kombiniert.

Frühling im Schwarzwald – eine der schönsten Jahreszeiten für diese Region. Dann haben wir die Pisten oft für uns allein.

ristischen Ziele Süddeutschlands. Ganz besonders natürlich auch für Biker, die auf gut ausgebauter, ja sogar kurvenreicher Strecke gen Norden schwingen. Gönnen wir uns also als krönenden Abschluss dieser Reise einen Tag auf der Schwarzwald-Hochstraße – vielleicht auch mit ein wenig Bewegung abseits des Sattels.

Und abends endet die Reise dann ebenso beschaulich, wie sie begann: im sehenswerten Pforzheim. Das nenn ich erholsamen Sommergenuss!

Informationen

Streckenverlauf: Freiburg – Kirchzarten – Titisee – Lenzkirch – Schluchsee – Bonndorf – Allmut – Waldshut-Tiengen – Bad Säckingen – Wiesental – Schopfheim – Lörrach – Kandern – Müllheim – Bad Krotzingen – Freiburg – Schauinsland – Todtnau – Feldberg – Glottertal – Sankt Peter – Denzlingen – Waldkirch – Furtwangen – Triberg – Hornberg – Haslach/Kinzigtal – Wolfach – Alpirsbach (Abstecher) – Freudenstadt – Schwarzwald-Hochstraße B 500 – Kniebis – Mummelsee – Baden-Baden – Gaggenau – Bad Wildbad – Pforzheim

Streckenlänge: 750 km

Ausgangspunkt: Freiburg

Endpunkt: Pforzheim

Anfahrt zum Ausgangspunkt: Via A 5 Karlsruhe–Basel nach Freiburg

Übernachtung:
Freiburg: Hotel Minerva, www.minerva-freiburg.de; **Freudenstadt:** Hotel Krone, krone-freudenstadt.de

Campingplätze: Über 70 Plätze gibt's in der Region (www.camping.info).

Treffs: U. a. am Mummelsee und entlang der Schwarzwald-Hochstraße, am Schluchsee (Staumauer) und in Freudenstadt (Zentrum mit Motorradparkplatz)

Streckensperrungen: In einigen Innenstädten (u. a. Freiburg) gibt's von 22–6 Uhr Nachtfahrverbote. Der Schauinsland ist Sa/So/Feiertage für Motorräder gesperrt (Infos unter http://bvdm.de).

Sehenswürdigkeiten: Schwarzwald-Panoramastraße (www.schwarzwald-panoramastrasse.de), Schwarzwald-Hochstraße (www.schwarzwaldhochstrasse.de), Schwarzwald-Tälerstraße (www.schwarzwald.net/touren/); Fahrzeugmuseum Marxzell mit historischen Motorrädern (www.fahrzeugmuseum-marxzell.de)

Geburt einer Kucksuhr: Es war einmal vor über 250 Jahren. Auf einem Bauernhof bei Schönwald lebte der Uhrmacher Franz Ketterer, genannt der »Treyer-Franz«. Der tüftelte bereits wochenlang an einer geheimen Erfindung, die er heute seinen Bauersleuten zeigen wollte. Und dann spät am Nachmittag eines trüben Wintertages rief es auf einmal aus der Uhr des »Treyer-Franz« zum ersten Mal »Kuckuck« – die Geburtsstunde der Kuckucksuhr hatte geschlagen.

Zusammen mit Simon Dilger aus Schollach gilt Franz Ketterer als einer der Väter der Schwarzwälder Uhrmacherei. Alle weiteren Infos unter www.deutscheuhrenstrasse.de.

3 Auf der Schwäbischen Alb

Burgen, Schlösser und Höhlen der Alb

Wo fährst du hin? In die Schwäbischen Alpen? Nein, auf die Schwäbische Alb. Ach so, auf die Schwäbische Alp. Nein, Alb. So oder ähnlich spielt es sich immer wieder ab, wenn ich Freunden von einem Tourenvorschlag auf die Schwäbische Alb erzähle. Dabei muss ich der Ehrenrettung halber aber sagen, dass uns im Südosten Deutschlands die Alpen freilich näher und wesentlich vertrauter sind als die Alb, dieser Mittelgebirgszug aus Jurakalken, der sich vom Südostrand des Schwarzwaldes in einem gut 200 Kilometer langen Bogen, meist an der Donau entlang, bis zum Nördlinger Ries hinzieht.

Dabei hat die Alb ein erstaunlich vielfältiges Landschaftsbild zu bieten, das von fruchtbaren Wiesen über Hochflächen, auf denen sich Bergwälder mit Heideflächen und Bergweiden abwechseln, reicht. Dazwischen liegen Flusstäler, die mit lichten Buchenwäldern bedeckt sind und zu denen helle Felsnadeln einen Kontrast bilden, ohne dabei schroff oder gar abweisend zu wirken. Dazu gibt es malerische Fachwerkstädtchen, Burgen, Schlösser und Ruinen sowie zahlreiche Klöster und Kirchen, die zu den Höhepunkten sakraler Kunst gezählt werden.

Und wer lieber in die Unterwelt abtauchen will, dem bieten einige der bekanntesten und interessantesten Tropfsteinhöhlen dazu Gelegenheit. Habe ich bei dieser Aufzählung etwas vergessen? Ach ja, für Motorradfahrer gibt es Kurven, Kurven und nochmals Kurven.

Ich habe in Tuttlingen übernachtet, und als ich am nächsten Morgen den Tankrucksack befestige, blicke ich immer wieder zur Burgruine auf dem Honberg hoch. Der Sage nach sollen in den Kellergewölben der Burg kostbare Schätze vergraben sein. Da auf solche Angaben in der Praxis nicht allzu viel Verlass ist, verzichte ich darauf, mit Pickel und Spaten dort hochzuwandern, drücke lieber den Anlasserknopf und folge der hier noch ruhig und gemächlich dahinfließenden Donau in Richtung Fridingen.

Schon wechselt das Landschaftsbild – es tauchen die ersten Kalkfelsen auf, vor mir liegt nun der »Naturpark Obere

Donau«, dessen naturbelassene Landschaft zu einem wildromantischen Ausflugsgebiet für Kletterer, Kanusportler, Wanderer, Radfahrer und Motorradfahrer geworden ist, deren schönster Teil allerdings noch etwas später zwischen Kloster Beuron und Sigmaringen folgen soll.

»Ora et labora« im Kloster Beuron

Obwohl Kloster Beuron, einst ein Ort der Stille und Meditation, längst zu einem der berühmtesten Kloster- und Wallfahrtsorte Süddeutschlands geworden ist, lasse ich mir einen kurzen Besuch nicht entgehen. Wie in alten Zeiten leben die Mönche dort weiter nach den strengen Regeln des Urvaters ihres Ordens, des heiligen Benedikt, der um 480 im umbrischen Norica geboren wurde. »Ora et labora«, »bete und arbeite«, das ist der oberste Grundsatz der »Regula Benedict«, der für alle Benediktinermönche neben persönlicher Armut, Keuschheit und Ehelosigkeit verbindlich ist. Obwohl der Tag für die Ordensleute um 5 Uhr mit dem Morgenoffizium beginnt, dem das Konventamt um 11.15 Uhr, die Vesper um 18 Uhr und das Komplet um 19.45 Uhr folgen, findet die Lebensweise der Mönche gerade in unserer schnelllebigen hektischen und von Konsumdenken geprägten Zeit erstaunlich viele Anhänger.

Um die Würde des Ortes so wenig wie möglich zu stören, rolle ich fast mit Standgas davon, aber schon sehr bald überwiegt wieder die Freude am Fahren und an der einmalig schönen Landschaft, die mich umgibt. Hoch über mir, auf einem schroffen Felsen, erkenne ich Burg Wildenstein, einen Inbegriff deutscher Ritterburgenromantik. Wenig später passiere ich dann Burg Werenwag auf der linken Talseite. Deren Geschichte lässt bis ins 12. Jahrhundert zurückverfolgen. Bei Gutenstein ragt das Schloss des ehemaligen Reichsgrafen Franz Ludwig von Castell über den Ort hinaus, während die Ruine von Burg Dietfurth – eher etwas ungewöhnlich für die Gegend – nicht auf hoch aufragenden Felsen, sondern unten im Tal gebaut wurde.

In Sigmaringen verlasse ich das Durchbruchstal der Donau und fahre nun wieder über freie Landschaft nach Zwiefalten, dessen Klosterkirche weit über den deutschsprachigen Raum hinaus als absolutes Schaustück barocker Baukunst gilt. Beeindruckend ist die Westfassade mit ihren drei Eingangsportalen, über denen sich rahmende Pilastersäulen zu

Diesen zwergenhaften »Anhalter« bei Tuttlingen mitzunehmen, hätte das ZGG der BMW deutlich überschritten.

Reiche Geschichte bietet nicht nur Zwiefalten mit seinem Kloster, sondern auch das Grenzland um Stetten am kalten Markt.

Vollsäulen auswachsen. Großartig dann das Innere, dessen kalkweiße Wandpfeiler und ebensolches Gebälk in wirkungsvollem Kontrast zur Farbe der Deckenfresken und zu den Säulenornamenten stehen.

Während dieses Bauwerk von Menschenhand erschaffen wurde, ist das nächste, das ich besuche, ein Werk der Natur: die Friedrichs- oder auch Wimsener Höhle vor Hayingen. Es ist die einzige Höhle der Schwäbischen Alb, die mit einem Boot befahren werden kann. Immerhin vier Meter tief ist das Wasser, und so halte ich mich gut fest, um nicht etwa ein unfreiwilliges Bad zu nehmen.

Attraktion Bärenhöhle

Endlich wieder festen Boden unter den Füßen, genieße ich anschließend die Fahrt durch eines der schönsten Flusstäler der Alb, das Tal der Großen Lauter hinauf nach Münsingen. Obwohl ich heute schon in die Unterwelt abgetaucht bin, möchte ich die Bärenhöhle bei Erpfingen besuchen. Die Bärenhöhle ist eine der größten Attraktionen auf der Schwäbischen Alb. Ich bestaune dort nicht nur die bizarren Tropfsteingebilde, sondern auch die uralten Bärenknochen, die heute noch so dort liegen wie vor Zehntausenden von Jahren. Dann sind für mich die kurvenreichen Sträßchen in der »Hinteren Alb« angesagt. Das Schönste ist, dass die Wegfindung hier problemlos ist. Ich halte mich einfach an die Tafeln mit der Silberdistel auf blaugrünem Grund. Sie markieren den westlichen Teil der Schwäbischen Albstraße und enden in Spaichingen. Von dort ist es nur noch ein kurzes Stück nach Tuttlingen.

Spezialtipp: Mit dem Boot ins Innere der Schwäbischen Alb

Eine der touristischen Attraktionen der Alb ist die Wimsener Höhle, auch Friedrichshöhle genannt, etwa drei Kilometer nördlich von Zwiefalten bei Wimsen.

Der Name Friedrichshöhle geht auf einen Besuch des Kurfürsten Friedrich zurück. Sie ist die einzige Höhle der Schwäbischen Alb, die mit einem Boot befahren werden kann. Das Wasser in der Höhle ist so klar, dass man bis auf den Grund sehen kann, der immerhin vier Meter tief ist. 77 Meter lang ist die Höhle und manche sagen, dass sie mit ihrem klaren, blau schimmernden Wasser an die zweifellos noch wesentlich bekanntere »Blaue Grotte« von Capri erinnert.

Abwechslungsreiches Land: Genusstouren auf der Schwäbischen Alb – hier bei Beuron – werden niemals langweilig.

Informationen

Streckenverlauf:
Tuttlingen – Nendingen – Fridingen – Beuron – Gutenstein – Sigmaringen – Bingen – Langenenslingen – Riedlingen – Pflummern – Zwiefalten – Hayingen – Indelhausen – Bichishausen – Münsingen – Gomadingen – Engstingen – Haid – Erpfingen – Burladingen – Nusplingen – Egesheim – Bubsheim – Böttingen – Dürbheim – Wurmlingen – Tuttlingen

Streckenlänge:
232 km

Ausgangs- und Endpunkt:
Tuttlingen

Anfahrt zum Ausgangspunkt:
Autobahn Konstanz–Stuttgart A 81, Ausfahrt Geisingen

Übernachtungen:
Burladingen-Gauselfingen: Landhotel Wiesental, www.hotel-fink-wiesental.de;
Beuron-Thiergarten: Hotel Gasthof Neumühle, www.neumuehle.de

Campingplätze:
Sigmaringen

Treffs:
Bichishausen/Stadt Münsingen: Bootshaus an der Lauter, April bis Oktober, an manchen Tagen bis zu 250 Biker

Sehenswürdigkeiten:
Tuttlingen: Heimatmuseum, Ruine Honberg
Mühlheim: Schloss Mühlheim
Fridingen: Ifflinger Schloss, Scharfeck am Oberen Tor, St.-Anna-Kapelle, Donauversickerung
Beuron: Kloster mit Klosterkirche
Sigmaringen: Pfarrkirche St. Johann, Schloss Sigmaringen mit Kunst- und Waffensammlung, Marstallmuseum
Riedlingen: Pfarrkirche St. Georg
Zwiefalten: Klosterkirche der Benedik-tinerabtei
Münsingen: Altes Schloss mit Heimatmuseum, Rathaus, Martinskirche
Engstingen: Automobilmuseum Siegfried Stotz in Großengstingen
Erpfingen: Sommerbobbahn in Sonnenbühl-Erpfingen

Da glüht der Speicherchip der Kamera: Die Altstadt von Hayingen ist reich gesegnet an perfekt restauriertem Fachwerk.

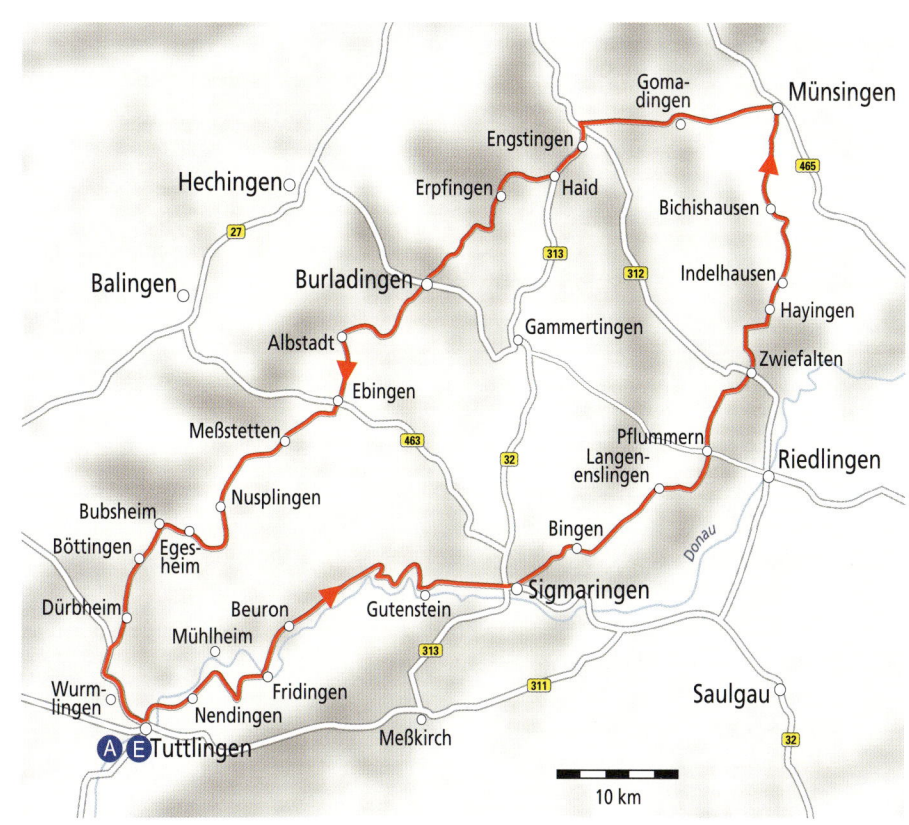

4 Entlang der Donau

Vom Naturpark Obere Donau zur Grenze von Österreich

2860 Kilometer misst die Donau von ihrer Quelle bei Donaueschingen bis zur Mündung ins Schwarze Meer und ist damit, nach der Wolga, der zweitgrößte Strom Europas. An die 650 Kilometer legt sie dabei auf deutschem Boden zurück, bevor sie hinter Passau ins österreichische Innviertel überwechselt. Es ist also durchaus ein aufwendiges Unterfangen, dem Verlauf dieses Stroms von Donaueschingen, wo seine Quellflüsse Brigach und Breg zusammenfließen, bis zur österreichischen Grenze zu folgen.

Der Reiz liegt darin, dass sich hier einige einzigartige Naturlandschaften Deutschlands erhalten haben und sich die wechselvolle Geschichte in den Städten und Ortschaften entlang der Strecke niedergeschlagen hat.

Vielleicht noch ein Hinweis, bevor Sie den Anlasser ihrer Maschine drücken: Wer seine Befriedigung nur darin empfindet, Fahrspaß zu haben, und wessen Glück sich in engen Kurvenradien und großen Schräglagen ausdrückt, der wird bei dieser Tour nicht immer auf seine Kosten kommen. Wer aber einfach die Landschaft genießt und auch mal bei den unzähligen Sehenswürdigkeiten anhält, wird sich hier wohlfühlen.

Naturspektakel Donauversinkung

In der Kreisstadt Donaueschingen suche ich als Erstes die Donauquelle auf. Diese wird symbolisch durch eine von einem Steinrondell eingefasste Marmorgruppe im Schlosspark angezeigt, welche die Mutter Baar darstellt, benannt nach der Landschaft, in welcher wir uns hier befinden; sie weist ihrer noch jungen Tochter Donau den Weg nach Osten.

Dieser Richtung folge ich nun auch, um erst wieder in Immendingen anzuhalten, wo ich der Beschilderung »Donauversinkung« folge, um ein ganz besonderes Naturschauspiel zu erleben. In dem stark verkarsteten und durchlöcherten Kalkgestein des Jura soll das Wasser der Donau nämlich versickern und an mehr als 300 Tagen im Jahr ein trockenes Flussbett hinterlassen. Nur der Vollständigkeit halber sei gesagt, dass ich auch nach einem etwa drei Kilometer langen schweißtreibenden Fußmarsch entlang der Versinkungsstelle keinerlei Verschwinden des Wassers feststellen konnte ...

Etwas müde von der Wanderung suche ich in Fridingen das »Scharfe Eck« auf – keine Haarnadelkurve, wie der Name vermuten lässt, sondern eines der ältesten Fachwerkhäuser des Ortes mit sehenswerten Fassadenmalereien außen und einer Gastwirtschaft im Inneren.

Naturpark Obere Donau

Auf meiner nächsten Etappe von Ulm nach Ingolstadt rückt die Landschaft in den Vordergrund, aber vorher besuche ich noch die Klosterkirche von Oberelchingen, die schon der Franzosenkaiser Napoleon 1805 »Salon du bon Dieu« (Salon des lieben Gottes) genannt haben soll.

Unübersehbar ist ein Wechsel in der Landschaft eingetreten: Vor mir dehnt sich eine weite Ebene aus, in welcher einst riesige Auwälder und Flachmoore das Landschaftsbild

Die Donau prägt den Süden Deutschlands, wie wohl kein anderer Fluss. Blick auf Rechtenstein bei Ehingen.

Trotz Helm bitte Kopf einziehen: Im Oberen Donautal wurde die Landstraße spektakulär durch Felsgestein gesprengt.

bestimmten, welche aber durch Kultivierungs- und Entwässerungsarbeiten seit dem 18. Jahrhundert in fruchtbares Acker- und Weideland umgewandelt wurden. Nur an wenigen Stellen, etwa im Donaumoos zwischen Leipheim und Günzburg, östlich von Ulm und im Donauried südlich von Donauwörth, sind noch Reste dieser ehemals urwaldähnlichen Landschaft zu sehen.

Wenn das Donauried mit seinen verkehrsarmen Straßen durch dörfliche Gemeinden auch Fahrspaß vermittelt: Die schönste Straße Deutschlands liegt in einer Stadt, nämlich in Donauwörth. Die Historische Reichsstraße mit ihrer Bebauung aus Giebelhäusern im Stil der schwäbischen Donaustädte aus dem 16.–18. Jahrhundert war den Besuch in jedem Fall wert, bevor ich diesen Tourenabschnitt in Ingolstadt beende.

Klöster, Kirchen, Ruhmeshallen

Auch wenn sich meine Reise dem Ende zuneigt, einige Höhepunkte liegen noch vor mir – der erste gleich nach 50 Kilometern Fahrt mit der Klosterkirche der Benediktinerabtei Weltenburg. Deren Ausgestaltung im Stil des Bayerischen Rokoko eröffnete mit ihrer raffiniert gestalteten Illusionstechnik ein ganz neues Kapitel in der Kunst.

Schade, dass ich meine Maschine dann nicht auf das Schiff verladen kann, welches von hier durch die Weltenburger Enge fährt – hier durchbricht der Fluss auf einer Länge von sechs Kilometern den Fränkischen Jura, und die fast 100 Meter hohen weißen, bewaldeten Felswände stehen nur knapp 70 Meter auseinander.

Stattdessen muss ich die Landstraße nach Kelheim nehmen, wo ich der monumentalen 18-eckigen Befreiungshalle am Michelsberg oberhalb der Stadt einen Blick zuwerfe – diese von König Ludwig I. dem Baumeister Friedrich von Gärtner in Auftrag gegeben und von Leo von Klenze dann vollendet. Eingeweiht am 18. Oktober 1863 (50 Jahre nach der Völkerschlacht bei Leipzig), soll sie an die gewonnenen Schlachten gegen Napoleon während der Befreiungskriege erinnern.

Durch die »Kornkammer Bayerns«

Über verkehrsarme Nebenstraßen fahre ich nach Regensburg, das ich bald wieder über den Ortsteil Schwabelweis verlasse, um bei Donaustauf einen Halt einzulegen. 358 Marmorstufen führen mich zur Walhalla hinauf, einen ebenfalls auf Ludwig I. und Leo von Klenze zurückgehenden Tempel, der zu Ehren berühmter Männer und Frauen der deutschen Geschichte errichtet wurde.

Zwei Pflichtstopps noch – diesmal ohne Treppensteigen – sind für Kulturinteressierte bei den Benediktinerabteien von Metten und Niederaltaich noch einzuplanen, dann geht es durch die fruchtbare Gäubodenebene, auch »Kornkammer Bayerns« genannt, nach Passau. Dort parke ich meine Maschine direkt an der Schiffsanlegestelle beim Rathausplatz und verabschiede mich mit einer Dreiflüsse-Rundfahrt am Zusammenfluss von Donau, Inn und Ilz von der Donau.

Ganz schön schüchtern: Der Weiler Gutenstein mit seinem imposanten Schloss verbirgt sich beinahe komplett hinter Bäumen.

Ein Hauch von Futurismus: Vom Bootshafen von Vilshofen hat man einen schönen Blick auf die komplette Stadt.

Informationen

Streckenverlauf: Donaueschingen – Möhringen – Tuttlingen – Fridingen – Beuron – Inzigkofen – Scheer – Blochingen – Binzwangen – Riedlingen – Munderkingen – Erbach – Ulm – Elchingen – Weißingen – Günzburg – Gundelfingen – Dillingen – Höchstädt – Gremheim – Rettingen – Donauwörth – Marxheim – Rennertshofen – Neuburg/ Donau – Bergheim – Ingolstadt – Wackerstein – Pförring – Neustadt/Donau – Bad Gögging – Kelheim – Bad Abbach – Regensburg – Wörth – Zinzendorf – Unterparkstetten – Anning – Deggendorf – Niederalteich – Bergham – Vilshofen – Fisching – Passau

Streckenlänge: 603 km

Ausgangspunkt: Donaueschingen

Endpunkt: Passau

Anfahrt zum Ausgangspunkt: Autobahn Stuttgart–Konstanz A 81, Ausfahrt Autobahndreieck Bad Dürnheim und auf der A864 nach Donaueschingen

Übernachtungen:
Tuttlingen: Légère Hotel, www.legere-hotels-online.com/tuttlingen;
Ingolstadt: Motorradhotel Rappensberger, www.rappensberger.de;
Passau: Hotel-Restaurant Dreiflüssehof, www.dreifluessehof.de

Campingplätze: Donaueschingen; Sigmaringen; Oberndorf/Egglstetten; Ingolstadt; Neustadt/ Donau; Regensburg; Straubing; Irring/Tiefenbach

Treffs: Deggendorf: Gasthof Wegmacherkurve, Frohnreut 5, Mo, Fr, Sa, So ganzjährig, an manchen Tagen bis zu 250 Biker

Sehenswürdigkeiten: Donaueschingen: Donauquelle im Schlosspark, Fürstlich Fürstenbergisches Schloss, Stadtkirche, St. Johannes Baptista, Fürstlich Fürstenbergische Sammlungen mit Gemäldegalerie, Bibliothek im Karlsbau;
Fridingen: Ifflinger Schloss, Scharfeck am Oberen Tor; **Sigmaringen:** Schloss mit Kunstsammlung und Marstallmuseum mit Kutschen, Jagd- und Galawagen;
Zwiefalten: Klosterkirche der Benediktinerabtei; **Ulm:** Ulmer Münster mit Turmbesteigung, Rathaus, Schwörhaus, Fischerviertel; **Günzburg:** Rokokobauten am Marktplatz, Liebfrauenkirche, Markgräfisches Schloss mit Heimatmuseum;
Lauingen: Hof- oder Schimmelturm, Marktplatz mit Albertus-Magnus-Denkmal, Pfarrkirche St. Peter, Bischöfliches Schloss **Donauwörth** Reichsstraße mit Giebelhäusern, Stadtpfarrkirche Maria Himmelfahrt, Klosterkirche Heiligenkreuz **Neuburg/Donau:** Schloss mit Schlosskapelle und Schlossmuseum,

Karlsplatz mit Marien-Brunnen und ehemaliger Hofkirche; **Regensburg:** Dom St. Peter, Stadtmuseum im ehemaligen Minoritenkloster, Altes Rathaus, Steinerne Brücke, Schloss Donaustauf: Burgruine Donaustauf, Walhalla ca. 1,5 km nach Donaustauf; **Straubing:** Stadtturm, Marktplatz mit Dreifaltigkeitssäule, St.-Peters-Kirche mit Bauernkapelle, Agnes-Bernauer-Brücke; **Passau:** Dom St. Stephan, St.-Michaels-Kirche, Benediktinerinnenkloster Niedernburg, Rathaus

5 Grenz-Schlängeln im Allgäu

Zwischen Königsschlössern, Bodensee und Vorarlberg

Der Himmel zwischen dem Allgäu und Tirol ist tiefblau und klar. Eine leichte Schneeschicht bedeckt noch die Gipfel der Allgäuer Berge, allen voran den Burgberg Grünten, der als »Wächter des Allgäus« gilt. Gleich zwei Touren sollen uns zum Bodensee, zu den Königsschlössern von Ludwig II., ins Kleinwalsertal und hinüber zu den Nachbarn nach Österreich ins Vorarlberger Land zur Silvretta-Hochalpenstraße führen.

Als Ausgangsorte eignen sich Nesselwang und Oberstdorf, beides Ortschaften in besten Lage am Alpenrand, sodass man am Abend mit Blick in die Berge den Tourentag wunderbar Revue passieren lassen kann.

Den Oberjoch-Pass planen wir gleich zweimal in die Route ein, denn seine Kurven muss man ohne Berufsverkehr und Wohnmobile genießen. Obacht erfordern die engen geschichteten neun Haarnadelkurven, in denen sich manchmal auch die »Rennleitung« verschanzt.

Traumkurven am Riedbergpass

In Sonthofen geht es vorbei am »Held Biker-Fashion« Flagship-Store, in dem uns Martin Gambeck noch einmal einen guten Preis für sommerliche Held-Handschuhe macht.

Im hohen Bogen lassen wir uns dann vorbei am Alpsee westwärts treiben und genießen den Übergang zwischen Voralpenland und den Allgäuer Bergen. Ein Abstecher führt hinüber nach Vorarlberg, wo der Bodensee zum Greifen nahe scheint. Bei Eichberg schrauben wir uns den

Hang hinauf, dann geht es gemächlich nach Scheidegg, Lindenau und Hittisau, mit Kurs auf Deutschlands höchsten Pass, den Riedbergpass (1407 m). Diesen erreicht man nach Balderschwang über einmalige Kurvenkombinationen.

Oberstdorf liegt, eingerahmt von den Allgäuer Bergen, in einer Art Sackgasse, von der es nur noch in das österreichische Zollausschlussgebiet Kleinwalsertal geht. Als Erstes stehen die Erdinger-Arena Oberstdorf mit ihren fünf Schanzen und die gewaltige, weiter hinten im Tal gelegene Skiflugschanze auf dem Besichtigungsprogramm.

Abstecher ins Kleinwalsertal

Dann folgt der Abstecher ins Kleinwalsertal, das dem Hausberg Ifen zu Füßen liegt – und das man sich schon allein wegen der außerordentlich guten Gastronomie nicht entgehen lassen sollte. Wir kehren am Hörnlepass ein und genießen die hiesigen Kräuterspezialitäten der Familie Keck.

Dann machen wir uns erneut an die Fahrt über den Oberjoch-Pass und schlagen diesmal Wohnwagen und »Rennleitung« ein Schnippchen. Um Füssen nimmt der Verkehr etwas zu, die Königsschlösser Ludwigs II. um Hohenschwangau sind ein dauerhafter, aber auch ein sehenswerter Tourismusmagnet.

Zurück in Nesselwang lassen wir uns einen Biergulasch im Brauerei-Gasthof Hotel Post schmecken. Eine Führung durch die einzige noch im Ort verbliebene Brauerei und durch das angeschlossene Museum rundet den Tourentag angemessen ab.

Zwischen Niedersonthofener und Großem Alpsee zeigt das Allgäu unverbrauchte Landschaft und Idylle.

Almwiesen Schlängeln: Beschaulich geht es zu auf den Allgäu-Wiesen oberhalb des Bodensees.

Passgenuss fast ohne Ende

Am nächsten Tag kann man die Silvretta-Hochalpenstraße erklimmen und über das Tiroler Montafon die Runde schließen: Wieder führt die Strecke über die empfehlenswerten Kurven des Riedbergpasses nach Hittisau und von dort nach Süden hinüber zum Bregenzerwald. Über Lingenau und Egg geht's weiter Richtung Faschina. Immer wieder erfreuen uns genial geführte Strecken mit engen Kurven und schmalen Brücken. Wir durchqueren ganz passend einen Ort namens Sonntag und befinden uns nun im Großen Walsertal. Bald erreichen wir das Montafon und nehmen die Silvretta-Hochalpenstraße in Angriff. In einem Wechsel aus 180-Grad-Kehren und weit geschwungenen Kurven schrauben wir uns bis auf 2032 Meter Höhe hinauf und machen auf der Bielerhöhe Rast.

Gestärkt durch Käse-/Schinken-Platte und Kaiserschmarrn steuern wir nun das zu Tirol gehörende Paznauntal an. Galtür kennen sicher einige wegen der tragischen Lawinenkatastrophe von 1999. Im leider durch Corona etwas in Verruf geratenen Ischgl lohnt ein Stopp am Parkplatz der Talstation, auf dem sich das von Ulf Böhringer initiierte High-Bike-Testcenter befindet. Hier stehen in einem einzigartigen Konzept rund 40 bezahlbare Motorräder von BMW, Yamaha, Kawasaki, KTM und Ducati für ausführliche Testfahrten bereit.

Über den Arlbergpass fahren wir wieder durch Vorarlberg und dann über den Flexenpass, dessen in den Hang gebaute Galerien und überdachte Kurven uns nach Warth bringen. Ab Lech verläuft die Strecke entlang tiefer, enger Schluchten. Wir müssen uns fast zwingen, auf die schmale Straße zu achten, so beeindruckend sind hier die gähnenden Abgründe und vor allem die Aussicht. Nach Warth wird das Tal Richtung Reutte breiter, und wir brummen mal rechts, mal links des Lechs dahin und zurück zum Ausgangspunkt unserer Reise. Gleichzeitig hört man gerade in Österreich von der »Rennleitung«, die mit Radarpistolen auf Preisgeld-Jagd geht.

Oben: Das Silvretta-Abenteuer kostet pro Kilometer circa 0,65 Euro Mautgebühr. Die Preise steigen stetig.

Unten: Auf zum Traktortreffen nach Nesselwang, und: Grüß Gott!

Links: Königliche Schlösser gibt es in Hohenschwangau. Hier blickt man auf Neuschwanstein.

Rechts: unterirdisch in Nesselwang: Die Sonne scheint durch's Kellerloch ...

Informationen

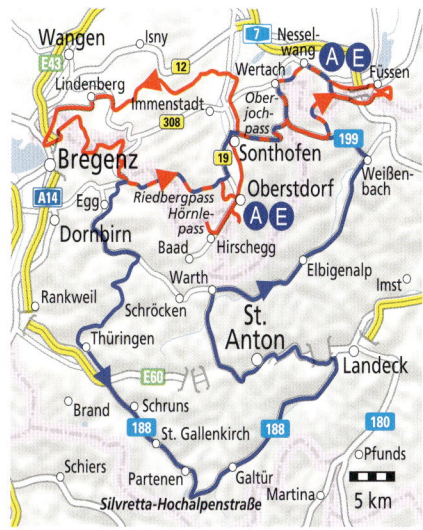

Streckenverlauf:

Route 1: Nesselwang – Oberjochpass – Sonthofen – Alpsee – Eichberg – Scheidegg – Hittisau – Riedbergpass – Balderschwang – Oberstdorf – Kleinwalsertal – Hörnlepass (AUT) – Oberjochpass – Hohenschwangau – Nesselwang

Route 2: Oberstdorf – Riedbergpass – Hittisau – Lingenau – Egg – Silvretta-Hochalpenstraße – Paznauntal – Ischgl – Flexenpass – Warth – Reutte – Nesselwang

Streckenlänge: 332 km; Silvretta-Tour: 361 km, Silvretta-Hochalpenstraße: 22,3 km; Preise 2023: 7, 11,50, 14,50 Euro (Moped, E-Motorrad, Motorrad)

Ausgangs- und Endpunkt: Nesselwang oder Oberstdorf

Anfahrt zum Ausgangspunkt: Auf eigener Achse:
A 7 bis Kempten und Sonthofen.
Tipp: Tanken in Österreich (Hittisau) wegen günstigerer Benzinpreise!

Übernachtungen: Nesselwang: Brauerei-Gasthof Hotel Post, www.hotel-post-nesselwang.de;
Oberstdorf: Hotel Oberstdorf, www.hotel-oberstdorf.de;
Fischen: Design Budget Explorer Hotel, www.explorer-hotel.com

Campingplätze:
Park-Camping Lindau am See, www.park-camping.de; Camping Alpsee, www.alpsee-camping.de

Treffs: Kanzelhütte am Oberjochpass; Riedbergpass; Silvretta-Hochalpenstraße

Streckensperrungen: Ewas in die Tasche greifen muss, wer sich die Silvretta-Hochalpenstraße anschauen möchte (ab 13,50 Euro).

Sehenswürdigkeiten:
Sonthofen: Held Biker-Outlet (www.held.de);
Paznaun: High-Bike-Testcenter (www.highbike.at);
Hohenschwangau: Königsschlösser (www.schwangau.de);
Kleinwalsertal: lohnender Abstecher zum Hörnlepass

6 Zu Kochelsee und Walchensee

Über die Kesselbergstraße

Der Kochelsee ist ein schön gelegener See im Voralpenland etwas südlich von Benediktbeuern. Der Walchensee liegt oberhalb des Kochelsees, schon mitten in den Bergen. Der Walchensee gilt nicht nur als größter, sondern auch als schönster der deutschen Alpenseen. Die beiden Seen verbindet eine Straße, die zu den schönsten Strecken für Motorradfahrer im bayerischen Alpenland zählt und dementsprechend stark frequentiert ist.

Von München aus hat man die Möglichkeit über die Autobahn Garmisch A 95 bis zur Ausfahrt Murnau/Kochel den Ausgangspunkt recht rasch zu erreichen, ich ziehe allerdings die landschaftlich reizvollere Strecke über die B 11 von Wolfratshausen über Benediktbeuern nach Kochel vor. Schon kurz hinter Schäftlarn tut sich der Blick auf die Berge im Süden auf. In Benediktbeuern lege ich bei der ehemaligen Benediktinerabtei einen Halt ein. Aus der Mitte des 17. Jahrhunderts stammen die regelmäßig angelegten Klosterbauten, wo vor allem die spätgotischen Gewölbe des Kreuzgangs beeindrucken. Die ehemalige Klosterkirche St. Benedikt zeigt dagegen schon den Beginn einer barocken Entwicklung. Der Weilheimer Baumeister Kaspar Feichtmayr schuf hier ein recht eigenwilliges Werk, dessen Fresken im Inneren von Hans Georg Asam, dem Vater der weltbekannten Brüder Egid Quirin und Cosmas Damian stammen.

Wenig später bin ich schon in Kochel, die scharf abzweigende Hauptstraße zwingt mich abzubremsen und so kann ich das Denkmal des Schmieds von Kochel gar nicht übersehen. Es ist Balthasar Mayr gewidmet, einem Kocheler Schmiedgesellen, der sich als Anführer einer Bauernschar hervorgetan und 1705 in der Sendlinger Bauernschlacht beim Kampf gegen die österreichischen Besatzungstruppen gefallen sein soll.

Wer seine Vorlieben mehr in künstlerischer Richtung hat, dem sei das Franz Marc Museum empfohlen. Es liegt am Ortsende von Kochel in einem weitläufigen Park. Hier sind Werke des bedeutenden Malers des Expressionismus und Mitbegründers des »Blauen Reiter« ausgestellt.

Bike-Vergnügen auf der Kesselbergstrecke

Und wer ganz einfach nur Motorrad fahren will, der gibt nun Gas, denn gleich beginnt die Kesselbergstrecke. Nicht zu viel sollte es allerdings sein, denn einige dieser Kehren machen am Kurvenausgang immer weiter zu, sodass man sich unversehens weit nach außen getragen sieht. Etwa auf halbem Weg halte ich auf einem Parkplatz, der die Bezeichnung »Aussichtskehre« zu Recht trägt. Zum einen reicht hier der Blick weit zurück über die moorigen Niederungen um den Kochelsee, faszinierender ist es allerdings, die Motorradfahrer in dieser Kurve zu beobachten, von denen es einige nicht lassen können, sie im Stile eines Mick Doohan oder Max Biaggi zu nehmen.

Nach der Überfahrung der wenig aussichtsreichen Passhöhe gilt meine Aufmerksamkeit dem Walchensee, an dessen

Informationen

Streckenverlauf:
Wolfratshausen – Geretsried – Königsdorf – Benediktbeuern – Kochel – Kesselbergstraße – Urfeld – Walchensee – Einsiedl – Jachenau – Lenggries – Schlegldorf – Bad Tölz – Einbach – Lochen – Königsdorf – Geretsried – Wolfratshausen

Streckenlänge: 97 km

Ausgangs- und Endpunkt: Wolfratshausen

Anfahrt zum Ausgangspunkt:
Von München auf der B 11 über Schäftlarn nach Wolfratshausen oder Autobahn München–Garmisch A 95, Ausfahrt Wolfratshausen

Übernachtungen:
Lenggries/Ortsteil Fall: Outdoorhotel Jäger von Fall, www.jaeger-von-fall.de

Campingplätze: Wolfratshausen; Königsdorf; Kochel; Walchensee

Mautgebühr:
Die Straße durch die Jachenau zwischen Einsiedl und Jachenau ist mautpflichtig. Die Mautgebühr beträgt 4 Euro.

Streckensperrungen:
Seit April 2023 besteht ein Fahrverbot für Krafträder und Krafträder mit Beiwagen von Montag bis Freitag zwischen 15 und 22 Uhr. Das Fahrverbot an Wochenenden und Feiertagen zwischen 22 und 15 Uhr wurde aufgehoben. Die neue Regelung wird probeweise bis 31. Oktober 2024 terminiert. Die Geschwindigkeitsbegrenzung liegt bei 60 km/h. Die Rüttelstreifen wurden entfernt, die montierten Mittelleitschienen mit Warnbalken sind geblieben.

Sehenswürdigkeiten:
Wolfratshausen: Pfarrkirche St. Andreas, Märchenwald im Ortsteil Farchant
Benediktbeuern: Kloster Benediktbeuern
Kochel: Franz Marc Museum, Schmied-von-Kochel-Denkmal

Lenggries: Kirche St. Jakob, Schloss Hohenburg
Bad Tölz: Wallfahrtskirche Maria Hilf, Thermalhallenbad Alpamare

---

Westufer sich die Straße entlangschlängelt. Irgendwo habe ich gelesen, dass schon Johann Wolfgang von Goethe auf seiner Reise nach Italien diesen Weg benutzte, der damals »Via regia Tyrolensis et Italos« hieß. Da ich aber nicht bis Italien weiter will, sondern mich langsam wieder an die Rückfahrt machen muss, biege ich bei Einsiedl zum Südufer des Sees ab. Bei der Waldschänke Niedernach verlasse ich den See und fahre durch die Jachenau, ein idyllisches Gebirgstal, bis nach Lenggries. Hier ist München nicht mehr weit.

Welch eine Postkarten-Idylle: Blick auf den Walchensee von seinem Westufer aus. Im Hintergrund der Herzogstand.

Typisch Tölzer Land: Rund um Bad Tölz erwartet uns ein Tourenrevier, aus dem man gar nicht mehr abreisen möchte.

7 Über Sudelfeld und Tatzelwurm

In den Schlierseer Bergen

Sobald sich über dem Alpenvorland ein strahlender Sonnentag abzeichnet, zieht es die Münchner Motorradfahrer fast automatisch nach Süden in Richtung Sudelfeld und Tatzelwurm. Warum dies so ist, muss nicht näher begründet werden, Landschaft und Strecke sprechen für sich.

An der Ausfahrt Weyarn kann ich endlich die Autobahn verlassen. Noch verläuft die Strecke nicht sehr spektakulär auf der B 307 durch die hügelige Wald- und Wiesenlandschaft. Nach Thalham rückt die Silhouette der Schlierseer und Tegernseer Berge ins Blickfeld mit markanten Gipfeln wie Hirschberg, Brecherspitze und Wendelstein. Während der Fahrt durch die Kreisstadt Miesbach und den ehemaligen Bergwerksort Hausham rücken die Berge schnell näher, und die Ortschaft Schliersee am gleichnamigen See ist bereits von einem Kranz bewaldeter Bergkuppen eingerahmt. Im Ortsteil Westenhofen halte ich vor der Kirche kurz an und suche auf dem Friedhof das Grab des legendären Wildschütz Jennerwein. Am Ostufer des Sees entlang schlängelt sich die Straße bis zum Ortsteil Neuhaus mit der malerisch gelegenen Leonhardikirche am Ortsanfang, dann geht es fast geradlinig Richtung Bayrischzell, wo die Auffahrt zum Sudelfeldsattel beginnt. Diese westseitige Auffahrt ist mit 4,5 Kilometern nicht sehr lang, mit elf Prozent Steigung nicht sonderlich steil und mit nur zwei Kehren nicht gerade kurvenreich. Schnell bin ich am Sattel in 1092 Meter Höhe angelangt, und nach einer Kurve liegt der Parkplatz beim Café Kotz, einem beliebten Treffpunkt für Motorradfahrer, vor mir. Die Abfahrt über die Ostseite hat einiges mehr zu bieten: eine großartige Landschaft, die vom Großen Traithen im Westen bis zum Wilden Kaiser im Süden reicht, und eine Kehrengruppe hinunter zum Großparkplatz Tatzelwurm, die selbst verwöhntesten Fahrern gerecht wird. Hier kommt für mich nur infrage, die Maschine wenden, um den Genuss der Abfahrt bergauf noch zu überbieten.

Über Kufstein durch das Ursprungstal

Wieder unten am Parkplatz Tatzelwurm gibt es zwei Möglichkeiten zur Weiterfahrt: nach links über die mautpflichtige Straße durch das dunkle Förchenbachtal hinunter nach Brannenburg oder zum Gasthof Tatzelwurm und von dort über Rechenau und Hummelei nach Niederaudorf ins Inntal. Ich kehre im Gasthaus Feuriger Tatzelwurm ein. In der Schlucht hinter der Gaststätte, zu der ein kurzer, einfacher Spazierweg führt, soll einst ein Drache gehaust haben, der seine Umgebung in Angst und Schrecken versetzt hat. Heute tost ein Wildbach zwischen engen Felswänden. Eigentlich könnte ich hier bereits wieder zurückfahren, aber eine richtig runde Sache wird die Tour erst, wenn ich als Rückweg das Ursprungstal wähle. Dazu fahre ich gut acht Kilometer bis Niederaudorf und wende mich dort nach Südwesten, Richtung österreichische Grenze. Diese überquere ich bei Kiefersfelden und statte Kufstein noch einen kurzen Besuch ab.

Informationen

Streckenverlauf:
Weyarn – Miesbach – Hausham – Schliersee – Bayrischzell – Sudelfeld – Tatzlwurm – Rechenau – Agg – Oberaudorf – Kiefersfelden – Kufstein – Marblinger Höhe – Thiersee – Landl – Ursprungpass – Bayrischzell – Weyarn

Streckenlänge: 143 km

Ausgangs- und Endpunkt: Weyarn

Anfahrt zum Ausgangspunkt:
Autobahn München–Salzburg A 8, Ausfahrt Weyarn

Übernachtungen:
Tatzlwurm/Oberaudorf: Berghotel Feuriger Tatzlwurm, www.tatzlwurm.de;
Bayrischzell: Motorrad-Hotel Alpenrose, www.bayrischzell-alpenrose.de

Campingplätze:
Schliersee; Oberaudorf

Treffs:
Sudelfeldsattel: Schnauferl Wirt 1123er (ehem. Café Kotz), April–Oktober, an manchen Tagen bis zu 500 Biker;
Großparkplatz Tatzlwurm ca. 300 m vom Bergasthof Feuriger Tatzlwurm entfernt

Maut:
Der Abstecher durch das Förchenbachtal zwischen Brannenburg und Tatzlwurm ist mautpflichtig. Für Motorräder 2 Euro.

Sehenswürdigkeiten:
Miesbach: Stadtplatz mit Michaelsbrunnen, Heimatmuseum
Schliersee: Kabinenseilbahn zur Schliersbergalm mit Sommerrodelbahn, Kirche St. Sixtus im Ortsteil Westenhofen mit Grab des Wildschütz Jennerwein
Bayrischzell: Pfarrkirche St. Marga-retha, Alpenfreibad, Seilbahn auf den Wendelstein bei Osterhofen
Tatzlwurm: Schlucht mit Wasserfällen beim Gasthof Feuriger Tatzlwurm

Kiefersfelden: König-Otto-Kapelle, Museumseisenbahn
Kufstein: Festung Kufstein

Im Schatten der Kufsteiner Burg suche ich die Ausfahrt Landl und nehme die Kehrengruppe hoch zur Marblinger Höhe unter die Räder. Oben noch ein Blick zurück ins Inntal über die Dächer von Kufstein, die sich vor den massiven Felswänden des Wilden Kaisers recht klein ausnehmen. Das Ursprungstal, dem ich nun folge, ist zwar etwas schattig, dafür aber recht schwach frequentiert und so kann man die schön geschwungenen Kurven voll auskosten. Landl am Thiersee liegt hingegen schön in der Sonne, und nur wenig später rolle ich wieder auf bayerischem Boden und bin bald zurück in Bayrischzell.

Da wird der Sauerstoff wohl niemals knapp: Der Spitzingsattel führt uns direkt hinüber zum idyllischen Spitzingsee.

Ein Tipp für Entdecker: Der ausgeschilderte Abstecher hinauf zum Oberen Sudelfeld ist explizit für die Genießer unter uns.

8 Im Fünf-Seen-Land

Zu den Gletscherseen der Eiszeit

Südwestlich von München haben die Gletscher der Eiszeit eine Landschaft geformt, die mit zum Schönsten zählt, was der oberbayerische Raum zu bieten hat. Dabei sind es diesmal nicht die Berge, die den Reiz ausmachen, sondern die Seen, die sich in ausgeschliffenen Gletscherbecken inmitten einer harmonischen Wald- und Wiesenlandschaft angesammelt haben.

Es sind deren fünf an der Zahl, von denen der Starnberger See und der Ammersee die größten und bekanntesten sind. Pilsensee und Wörthsee rangieren da nicht nur in der Größe, sondern auch in der Bekanntheitsskala deutlich dahinter, und der kleine Weßlinger See ist nur noch Insidern und Anwohnern ein Begriff.

Ich starte in Gauting, vor den Toren Münchens. Das Würmtal liegt vor mir, eine der schönsten und bekanntesten Motorradstrecken der näheren Münchner Umgebung. Nicht das Tal selbst macht den Reiz aus, sondern vielmehr die Vielzahl der Kurven, die sich den Windungen des kleinen Flüsschen angepasst haben. So schön die Strecke auch ist, man muss aufpassen. Licht und Schatten wechseln in dem engen Tal ab und sorgen oftmals für schlechte Sichtverhältnisse. Auch die Kurven sind oft unübersichtlich, und leicht ist man versucht, diese viel zu schnell in Angriff zu nehmen. Ich wähle die Westseite des Starnberger Sees und komme nach Possenhofen, wo »Sisi«, die spätere Kaiserin Elisabeth, ihre Jugend verbrachte. Hier befindet sich auf einem weitläufigen, baumbestandenen Parkgelände eine der beliebtesten Badegelegenheiten des ganzen Sees. Die Straße ist oft schmal, zudem sind wegen des dichten Baumbestandes am Straßenrand die Lichtverhältnisse sehr schlecht, und so fahre ich konzentriert bis Tutzing, wo ich einen Abstecher zur Ilkahöhe unternehme. Der 728 Meter hohe Moränenhügel bietet eine weit reichende Aussicht über den See bis zu den Alpengipfeln im Süden.

Kühle Erfrischung im Pilsensee gefällig?

Problemlos erreiche ich bei Dießen die Südspitze des Ammersees. Ein Blick noch auf den Turmhelm der ehemaligen Stiftskirche Sta. Maria, das heutige Marienmünster, dann geht es an der landschaftlich reizvollen Uferstraße entlang, und erst mit Utting erreiche ich wieder eine größere Ortschaft. Ich gönne mir eine kurze Rast an der gepflegten Uferpromenade und erkenne auf einem dicht bewaldeten Moränenhügel am gegenüberliegenden Ufer den Turm der Klosterkirche von Andechs. Die weltbekannte Klosterbrauerei sollte man allerdings nur mit öffentlichen Verkehrsmitteln aufsuchen. So fahre ich an der Nordspitze des Sees auf die viel befahrene B 12, die ich wenig später bei Inning wieder verlasse. Es ist die Heimatgemeinde des Motorradweltmeisters Toni Mang. Ich habe keine rennfahrerischen Ambitionen und lasse mir Zeit auf der Landstraße hinüber zum Wörthsee.

Die Straße führt weiter nach Seefeld an der Nordspitze des Pilsensees. Auf holpriger Straße rolle ich zum Strand-

Informationen

Streckenverlauf:
Gauting – Leutstetten – Starnberg – Possenhofen – Feldafing – Tutzing – Bernried – Seeshaupt – Schmitten – Marnbach – Weilheim – Wilzhofen – Pähl – Raisting – Dießen – Utting – Schondorf – Inning – Güntering – Schlagenhofen – Seefeld – Drößling – Perchting – Söcking – Starnberg – Gauting

Streckenlänge: 140 km

Ausgangs- und Endpunkt:
Gauting bei München

Anfahrt zum Ausgangspunkt:
Von München über die Lindauer Autobahn A 96 bis Ausfahrt Gräfelfing und über die Pasinger und Planegger Straße bis Gauting

Übernachtungen:
Wieling bei Feldafing: Motorradhotel Alte Linde, www.linde-wieling.de

Campingplätze:
Seeshaupt; Dießen; Utting; Seefeld

Sehenswürdigkeiten:
Starnberg: Heimatmuseum, Pfarrkirche St. Joseph
Possenhofen: Schloss Possenhofen (nicht zugänglich)
Tutzing: Abstecher zum Aussichtspunkt Ilkahöhe (728 m)
Bernried: Wallfahrtskirche Maria Himmelfahrt, ehemaliges Augustiner-Chorherrenstift, Buchheim-Museum
Weilheim: Marienplatz mit Altem Rathaus, Mariensäule und Stadtbrunnen; spätgotische St.-Salvator-Kirche
Raisting: Erdfunkstelle der Deutschen Post mit Ausstellung und Ton-Bild-Schau
Dießen: Marienkirche

bad Pilsensee in Hechendorf und kühle mich im Wasser etwas ab. Seefeld überrascht mit einem schönen Blick auf das gleichnamige Schloss, das sich bis heute den Charakter einer mittelalterlichen Festung bewahrt hat. Eigentlich müsste ich von Seefeld aus der Straße nach Weßling folgen, um die Zahl fünf voll zu machen, aber ich entscheide mich dagegen. Der See ist ohnehin so klein, dass man ihn von der Straße aus nicht sieht. Mich lockt nochmal die Kurvenstrekke des Würmtals, diesmal in entgegensetzter Richtung und so fahre ich weiter nach Starnberg.

Auch Atheisten schwärmen von so einer Motorradtour hinauf zu Kloster Andechs. Aber aufgepasst: das Starkbier dort hat es in sich.

Nimm mich mit Kapitän ... beim Anblick der historischen Dampfer verwaisen zumindest unbequeme Soziasattel umgehend.

9 Reinheit als oberstes Gebot

Biergenuss und Motorradfahren – geht das überhaupt?

Zur Hopfenernte durch die Hallertau – das ist nicht nur für Biertrinker ein wahrer Genuss. Speziell entdeckungsfreudige Motorradfahrer finden im größten zusammenhängenden Hopfenanbaugebiet der Welt ein Tourenparadies der Extraklasse. Im August/September wird's in der sonst stillen Landschaft im Osten Bayerns lebendig – da macht es auch nichts aus, dass das Highlight der Region eigentlich aus dem fernen China kommt.

Ja, es ist Fakt: Der Hopfen kommt aus China! Irgendwann und irgendwie kam diese wichtigste Zutat des Bieres dann über den Kaukasus in die Hallertau. Reich gesegnet mit kurvigen Landstraßen über sanfte Hügel und durch idyllische Flusstäler, ist die Hallertau ideal dazu geeignet, Bier und Biken prächtig miteinander zu verbinden.

Zu Kultstätten bayerischen Bieres
Nahe Freising an der Isar treibe ich meine Triumph Tiger von der Autobahn hinunter und direkt zu jenen haushohen Stangenfeldern, an denen der Hopfen jetzt im August fleißig in die Höhe rankt. Über Allershausen und Ilmmünster erreiche ich Scheyern mit mächtiger Klosteranlage und herrlichem Biergarten. Doch zur Einkehr ist es noch zu früh – und weiter geht es über das sehenswerte Pfaffenhofen nach Wolnzach. 1886 wurde hier die »Hopfenpräparieranstalt« gegründet, das »Deutsche Hopfenmuseum« erzählt die ganze Geschichte der Schlingpflanze.

Im Weiler Geisenfeld liegen wohl die Wurzeln der Hallertau: Hier soll im Jahr 736 der erste Hopfen angepflanzt worden sein. Über Abensberg, Rottenburg, Pfeffenhausen und entlang der Deutschen Hopfenstraße geht es Richtung Süden. Ein permanentes tief frequentes Dröhnen gewaltiger Hopfenzupfmaschinen liegt über dem Land, dazu nistet sich ein intensiver würziger Hopfenduft in der Nase ein, der mich bis ins Nachtlager in Mainburg verfolgt.

Sonntagmorgen in der Hallertau
Schlag acht sitze ich anderntags wieder im Sattel – über Moosburg und den bildhübschen Weiler Nandlstadt geht es nach Au in der Hallertau. Der Ort besitzt das »Siegelrecht«, also das Recht, Hopfenballen zu versiegeln und damit Qualität und Herkunft offiziell zu beurkunden. Ein bis heute unbezahlbares Privileg! Entlang der Deutschen Hopfenstraße erreiche ich spätnachmittags wieder meinen Ausgangspunkt – vorbei an unzähligen Hopfen-Bauernhöfen und Hopfenfesten samt echter Hopfenkönigin. Sehr empfehlenswert, diese Hallertau, ohne die es den deutschen Biergenuss nicht gäbe!

Erntereife Hopfendolden, in denen das wertvolle Lupulin enthalten ist, der Gerbstoff, der dem Bier erst seinen Geschmack verleiht.

Offroad-Einlagen zwischen den Hopfenfeldern sind allerorten möglich.

Informationen

Streckenverlauf: A 9 Ausfahrt Freising – Ilmmünster – Scheyern – Gerolsbach – Pfaffenhofen – Förnbach – Wolnzach – Geisenfeld – Vohburg – Münchsmünster – Abensberg – Biburg – Rottenburg – Pfeffenhausen – Mainburg – Furth – Hohenthann – Moosburg – Nandlstadt – Au in der Hallertau – Palzing – Freising

Streckenlänge: 380 km

Ausgangs- und Endpunkt: Freising

Anfahrt zum Ausgangspunkt:
A 8 Stuttgart–München sowie A 92 Deggendorf, Ausfahrt Freising. Oder A 9 Nürnberg–München, Ausfahrt Allershausen

Übernachtungen:
Mainburg: Hotel-Gasthof Seidlbräu, www.seidlbraeu.de
Au in der Hallertau: Hotel-Pension Abenstal Garni, www.hotelabenstal.com

Campingplätze: Camping Felbermühle in Neustadt, westlich von Abensberg, www.felbermuehle.de

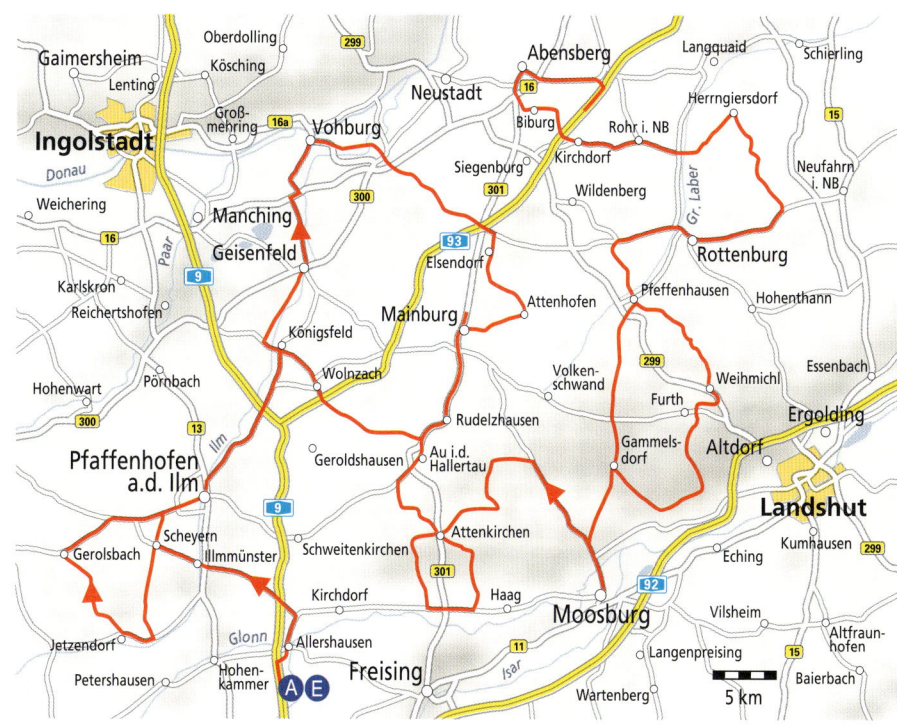

Treffs:
U. a. in Pfaffenhofen beim Traditionsbrauhaus Müllerbräu

Sehenswürdigkeiten: Die vier- bis sechswöchige Hopfenernte ab Mitte August ist ein Erlebnis, die zahlreichen Hopfenzupferfeste eine perfekte Möglichkeit, das Thema intensiv zu erforschen. Brauereiführungen in der Bayerischen Staatsbrauerei Weihenstephan in Freising, die Schlossbrauerei Au-Hallertau, die Benediktinerabtei zum Hl. Kreuz in Scheyern, das Müllerbräu in Pfaffenhofen.

Das bayerische Reinheitsgebot

Bereits die trinkfesten Germanen mischten Hopfen in ihr bierähnliches Gebräu, und im Jahr 817 erhob man im Konzil zu Aachen das »heidnische Gesöff« zu einem offiziellen Heiltrank, der in Klöstern und an Fürstenhöfen gebraut werden durfte.

Der bayerische Herzog Wilhelm IV. erließ dann dazu im Jahr 1516 das berühmte Reinheitsgebot. Danach durfte »forthin allenthalben ... zu keinem Bier mehr Stücke als allein Gerste, Hopfen und Wasser verwendet und gebraucht werden«.

10 Durch das Altmühltal

An Bayerns »schüchternstem« Fluss

Um ehrlich zu sein, auf das Altmühltal bin ich gestoßen, weil ich in Zeitungsberichten immer wieder gelesen hatte, dass die Strecke bei Radwanderern außerordentlich beliebt sein soll. Was für Radler gut ist, kann für Motorradfahrer nicht schlecht sein, und so mache ich mich beim Streckenstudium kundig, dass die Altmühl ihres geringen Gefälles im Oberlauf wegen als Deutschlands trägstes Flüsschen angesehen wird. Aufgrund ihrer zahlreichen Mäander im Unterlauf ist aber auch von Bayerns »schüchternstem« Fluss die Rede, der sich lieber dreimal umdreht, bevor er weiterfließt. Am beeindruckendsten soll allerdings die an Naturschönheiten reich gesegnete, weitgehend unverdorbene und unbeschädigte Landschaft der südlichen Frankenalb sein.

Schon bald nach Gunzenhausen verlasse ich die Hauptstraße und fahre in eine weite Feld- und Wiesenlandschaft ein, die von einzelnen Buschreihen aufgelockert wird. Wenig lenkt auf den ruhigen Straßen vom Fahren ab, nur im Westen erkenne ich deutlich Schloss Spielberg auf einem Bergsporn des Hahnenkamms, einem Weißjurazug, der wegen seiner Bedeutung einen eigenen Namen erhalten hat.

Bald nimmt mich Treuchtlingen auf, wo ich die Beschilderung nach Graben suche, um einen kurzen Abstecher dorthin zu unternehmen.

Im Ort weist mir ein Schild an der Pfarrkirche St. Kunigunden mit der Aufschrift »Karlsgraben/Europäische Wasserscheide« den Weg zu meinem Ziel. Kaiser Karl der Große hat 793 dort den Versuch unternommen, die beiden Flüsse Altmühl und Rezat, die sich hier auf zwei Kilometer nähern, durch einen Graben zu verbinden. Damit wäre eine Verbindung zwischen Rhein und Donau hergestellt worden, über die man von der Nordsee zum Schwarzen Meer hätte gelangen können. Eine gewaltige Leistung für damalige Verhältnisse, die allerdings nicht vollendet wurde.

Zurück in Treuchtlingen fahre ich nun auf der gut ausgebauten Straße in den Naturpark Altmühltal ein, und bald erkenne ich auf einem vom Fluss umschlungenen Felssporn die Ruine der im Dreißigjährigen Krieg zerstörten Burg von Pappenheim. Weitaus bekannter als die Burg ist allerdings der legendäre Ausspruch des bayerischen Generalfeldmarschalls Gottfried Heinrich Graf von Pappenheim:

»Ich kenne meine Pappenheimer«, sagte er, voll Dankbarkeit und Anerkennung für die geleisteten Kriegsdienste der Pappenheimer im Dreißigjährigen Krieg.

Die »Zwölf Apostel« des Juragebirges

Die Straße folgt den weiten Kehren des Flusses nach Solnhofen, das für seine Kalkschieferbrüche berühmt ist. Weltbekannt wurde der Ort aber dadurch, dass sich in den Platten Versteinerungen von Tieren und Pflanzen aus der Jurazeit in außergewöhnlich hoher Zahl und vorzüglichem Zustand finden. Ich kann nicht umhin, mir in einem Souvenirladen eine versteinerte Schnecke zu kaufen, und verstaue sie stolz im Tankrucksack.

Weiter geht es im Talboden, und in den mit Mischwäldern bestandenen Höhenzügen erkenne ich auf der linken Seite eine sonderbare Felsformation, die »Eßlinger Felsen«, die im Volksmund auch »Zwölf Apostel« genannt werden.

Als Nächstes fällt mir die alte Stadtmauer von Dollnstein ins Auge, die den Marktflecken seit dem 15. Jahrhundert umgibt. Erstmals erwähnt wurde die Siedlung im Jahre 1007, damals noch als »Tollenstein«, und im 12. Jahrhundert errichteten die Grafen von Hirschberg mitten im Ort eine Burg, von der allerdings nur noch der zackige Burgfried übrig geblieben ist.

Obwohl die gut ausgebaute Straße zu schnellerem Fahren einlädt, lasse ich mir Zeit und betrachte lieber die mächtigen Dolomitzacken am Talrand, die vor 200.000 Jahren die

Donau, die damals noch dieses Bett benutzte, herausgefräst hat. Einmal halte ich an und beobachte einige Kletterer, die sich wagemutig die scheinbar spiegelglatten und senkrechten Wandfluchten hocharbeiten. Hinter Eichstätt treten die engen Jurafelsen zurück, die Straßen werden schmaler und die Ortschaften kleiner. Trotzdem haben sie einiges zu bieten: Pfünz etwa, ein altes Römerkastell, bei Gungolding ist es eine wunderschöne Heidelandschaft, während über Arnsberg trotzig die gleichnamige Burg thront. Kinding ist allerdings weniger durch seine Kirchenburg im Gedächtnis als vielmehr durch die Verkehrsdurchsagen im Radio, gilt die Autobahn, die ich hier unterfahre, doch als gefährliche Unfallstrecke.

Scharf knickt die Altmühl und mit ihr die Straße hier nach Osten ab, bevor es hinter Dietfurt wieder kurviger wird. Wieder sind eine Reihe von Burganlagen zu erkennen, bei Meihern die Ruine Flügelsberg oder die drei Burganlagen über Riedenburg. Glanzpunkt ist aber Burg Prunn, auf einem 70 Meter hohen, senkrecht abfallenden Felsen über der Stadt, die als Idealbild einer mittelalterlichen Burganlage gilt. Beeindruckt nehme ich den Anstieg in Kauf und schließe mich einer Führung durch die in Staatseigentum übergegangenen Gebäude an. Burg Essing betrachte ich dagegen nur von unten und halte lieber nochmals beim Parkplatz Schulerloch, wo Wasserwirbel der Urdonau mehr als 300 Meter tiefe Gänge und Raumdome in den Fels gespült haben. Leider findet gerade keine Führung statt, und so bin ich wenig später in Kelheim.

Spezialtipp: In den Steinbruch

Hobbygeologen können im Eichstätter Stadtteil Blumenberg, nahe dem Museum Berger, in einem alten Steinbruch selbstständig nach Versteinerungen suchen oder besser nach diesen klopfen, denn Hammer und Meißel sind dazu notwendig. Aber die kann man sich hier gegen geringes

»Zwölf Apostel« wird diese bizarre Felsgruppe im Altmühltal bei Eßlingen im Volksmund genannt.

Entgelt ausleihen, und Tipps vom Fachmann gibt's obendrein dazu. Schwielen an den Händen wahrscheinlich auch, aber ganz umsonst gibt es die uralten Fossilien, meist in Form von Muschel- und Schneckengehäusen, einfach nicht. Und wer weiß, vielleicht finden Sie ein versteinertes Exemplar des Urvogels Archaeopteryx.

Oben: Die Befreiungshalle auf dem Michaelsberg über Kelheim ist ein monumentaler 18-eckiger Bau auf dreistufigem Sockel, der an die Befreiungskriege der Jahre 1813 bis 1815 erinnern soll.

Unten: Der Urvogel Archaeopteryx hat vor 150 Millionen Jahren im Raum Solnhofen gelebt.

Burg Prünn gilt als Idealbild einer mittelalterlichen Burganlage und Glanzpunkt im Altmühltal.

Informationen

Streckenverlauf: Gunzenhausen – Aha – Dittenheim – Markt Berolzheim – Wettelsheim – Treuchtlingen – Pappenheim – Solnhofen – Dollnstein – Eichstätt – Pfünz – Gungolding – Kipfenberg – Kinding – Beilngries – Dietfurt – Riedenburg – Essing – Kelheim

Streckenlänge: 152 km

Ausgangspunkt: Gunzenhausen

Endpunkt: Kelheim

Anfahrt zum Ausgangspunkt:
Autobahn Nürnberg–Heilbronn A 6, Ausfahrt Ansbach und auf der B 13 über Merkendorf nach Gunzenhausen

Übernachtungen:
Eichstätt-Landershofen: Landgasthof Hotel Pröll, www.landgasthof-proell.de;
Kipfenberg/Böhming: Landgasthof Römercastell, Wirtsstraße 9, 85110 Kipfenberg;
Kinding: Hotel Gasthof Krone, www.krone-kinding.de;
Beilngries: Ringhotel Die Gams, www.hotel-gams.de

Campingplätze:
Pappenheim; Dollnstein; Kipfenberg; Kinding; Beilngries; Riedenburg

Streckensperrungen:
Im Spindeltal bei Eichstätt besteht ganzjährig Nachtfahrverbot zwischen 22 und 6 Uhr.

Sehenswürdigkeiten:
Gunzenhausen: Färberturm, Blasturm, Altmühlsee
Treuchtlingen: Schloss Treuchtlingen, »Denkmalslok«, Lambertus-Kirche Karlsgraben (Fossa Carolina) in Graben
Pappenheim: Altes Schloss und Burgruine mit 30 Meter hohem Burgturm, Galluskirche aus dem 9. Jahrhundert
Solnhofen: Bürgermeister-Müller-Museum mit Versteinerungen
Dollnstein: Mittelalterliche Stadtmauer, Bergfried der Burgruine, Pfarrkiche mit gotischen Fresken, Petersturm
Eichstätt: Willibaldburg mit Jura-Museum, Residenzplatz mit Residenz, Dom mit Kreuzgang und Willibaldsaltar
Gungolding: Spaziergang durch das 70 Hektar große Naturschutzgebiet der Wacholderheide

Kipfenberg: Malerisches Stadtbild mit Burg, viertägiges Limesfest Mitte August
Kinding: Kirchenburg mit Mauerring und Befestigungstürmen
Beilngries: Straßenmarkt, Rathaus, barocke Pfarrkirche mit gotischem Turm
Dietfurt: Kristallmuseum, Burgruinen Tachenstein, Rabenstein und Schloss Rosenburg mit Jagdfalkenhof, Schloss Prünn ca. 4 km südöstlich
Essing: Burgruine Randeck, Tropfsteinhöhle Großes Schulerloch, Klausenhöhle
Kelheim: Befreiungshalle, Archäologisches Museum

11 Im Land des Regens

Der Bayerische Wald gehört in dieses Buch – ohne Zweifel

Schwarzer Regen, Weißer Regen, Kleiner Regen oder auch Großer Regen – die Landschaften des Bayerischen Walds werden modelliert und nachhaltig durchspült vom Regenwasser. Eigentlich kein gutes Omen für Motorradfahrer, könnte man meinen. Aber weit gefehlt, wie ich nicht nur mit den sonnenreichen Bildern dieses Kapitels beweisen kann. Und was es so mit dem Regen auf sich hat, klären wir auch …

Ein vier Meter großes, dreckig grünes Ungeheuer schiebt sich mit unheimlichem Fauchen direkt auf mich zu. Qualm steigt aus dem haustürgroßen Maul des Urviechs, während der »todesmutige« Fahnenträger Udo mit Lanze und Nibelungenschwert so lange auf das Ungetüm einprügelt, bis dessen Lebenswillen in den Abendhimmel entweicht. Das älteste Festspiel Deutschlands, der Further Drachenstich, begeistert mich ebenso wie der gelungene erste Tag unserer Motorradreise durch den Bayerischen Wald.

Von Drachen und Söldnern

Schwungvoll ging es gleich nach dem Verlassen der Autobahn zu einem Boxenstopp hinein ins malerische Regensburg, anschließend durch Frühlingswiesen, Auen und Wäl-

der bis nach Regenstauf. Über Roding huschten wir bis hinauf nach Neunburg vorm Wald, dem nördlichen Zipfel des Bayerischen Walds, dann begrüßte uns Waldmünchen mit seinem gefürchteten Panduren-Hauptmann Trenck auf lebensgroßen Plakaten. Franz Freiherr von der Trenck und seine mordlüsternen Söldner hatten 1742 Waldmünchen gegen Zahlung von 50 Golddukaten (ca. 8000 Euro) vor Raub und Plünderei verschont. Jedes Jahr im Sommer feiert Waldmünchen deshalb sein Trenck-Festspiel, eine ideale Kombi mit dem Further Drachenstich.

Cham begeistert mich jedes Mal aufs Neue, vor allem natürlich das farbenprächtige Biertor – der Brückenheilige lächelte jedes Mal verständnisvoll, wenn der Speicherchip meiner Kamera heiß läuft. Im Niemandsland zu Tschechien geht es anderntags nach Bayrisch Eisenstein. Von Ferne grüßt bereits der Große Arber mit seinen futuristischen Sendeantennen herüber – mit 1456 Metern ist er die höchste Erhebung des Bayerischen Walds, und am lieblichen Arbersee gibt's einen bekannten Bikertreff. Die Landstraße folgt dem Verlauf des Weißen Regens, eines fröhlich plätschernden Baches, der sich bei Bad Kötzting mit seinem Zwillingsbruder Schwarzer Regen zum Fluss Regen vereint und nach Regensburg strömt.

Ein Weinglas kostet einen Baum

Glasbläser siedelten einstmals zahlreich im Bayerischen Wald und fertigten das nur vornehmsten Familien vorbehaltene Glas. Noch heute ist jedes Stück mundgeblasenes Glas ein Unikat, dem man in Zwiesel viel Aufmerksamkeit widmet.

Zur Einkehr trifft man sich in Deggendorf z. B. im Ratskeller, der »etwas hölzerne« Wirt erwartet uns in Waldkirchens Altstadt.

Derart unbeschwerte Kurvenhatz kann man allerorten hier genießen, dieses Kurvenparadies findet sich nahe Tittling im Süden.

Museen, Ausstellungen und Glasbläser-Vorführungen lassen die spannende Geschichte wieder lebendig werden.

Das quirlige Zentrum von Deggendorf am Südwestrand unseres Tourengebiets holt uns zurück ins Hier und Heute, Cafés und Kneipen laden zum Einkehrschwung, bevor wir uns im malerischen Vilshofen ein Quartier für die Nacht suchen. Über herrlich kurvenreiche Landstraßen wedeln wir anderntags dahin. Auch der verträumte Luftkurort Thurmansbang kann den Vorwärtsdrang kaum stoppen, zumal dessen Biker-Highlight »Elefantentreffen« eh zu einer ganz anderen Jahreszeit stattfindet. Über Tittling mit seinem sehenswerten Museumsdorf geht es nach Waldkirchen. Ungewöhnlich viele verheerende Stadtbrände – der letzte übrigens erst 1945 – sollen auf den (immer noch gültigen?) Fluch einer Zigeunerin zurückgehen, der die einst hochnäsigen Bürger Waldkirchens eine Fahrt mit der Postkutsche verwehrten. Also verfluchte sie die Stadt und ihre Bewohner kurzerhand auf alle Zeiten.

Weites Land: Der Blick auf Grafenau schenkt unsungewohnten Weitblick im ansonsten waldreichen Bayerischen Wald.

Land unter: Drei Flüsse »quälen« Passau und legen die historische Altstadt manchmal sogar mehrmals pro Jahr unter Wasser.

Begeisternd auch der Ausklang

Über Freyung und Grafenau sowie Abschnitte der Glasstraße, einer der jüngsten Ferienstraßen Deutschlands, räubern wir in den südlichen Ausläufern des Bayerischen Walds herum bis nach Passau – die weltberühmte Drei-Flüsse-Stadt ist unser Ziel des vierten und letzten Tages. Über die Dörfer, über Hutthurm und Hauzenberg erreichen wir die österreichische Grenze, über Wegscheid und Untergriesbach dann die mächtige Donau, den Grenzfluss zu unseren Lieblingsnachbarn. Flussaufwärts und mitten hinein ins historische Zentrum von Passau treibe ich das Motorrad zu den überall an zentralen Punkten kostenlosen Motorradparkplätzen – ein toller Service der Stadt, den wir mit einem Rundgang und umsatzstarkem Einkehrschwung belohnen. Entlang der Uferpromenaden mit freiem Blick auf die mächtigen Festungen Oberhaus und Niederhaus führt der Fußweg direkt in das quirlige Herz der Studentenstadt. Welch krönender Abschluss einer spannenden Reise zu blutrünstigen Drachen und bestechlichen Räuberhauptmännern auf 1001 Kurve durch eine der schönsten Landschaften Deutschlands – und von Regen weit und breit keine Spur. Also zumindest dem von oben.

Informationen

Streckenverlauf: Regensburg – Regenstauf – Marienthal – Roding – Neunburg vorm Wald – Rötz – Tiefenbach – Waldmünchen – Althütte – Furth im Wald – Reisach – Cham – Chammünster – Oberzettling – Neukirchen beim Hl. Blut – Lohberg – Bayerisch Eisenstein – Bodenmais – Schönberg – Regen – Zwiesel – Spiegelhütte – Frauenau – Klingenbrunn – Kirchberg im Wald – Deggendorf – Vilshofen – Außernzell – Langfurth – Mitternach – Thurmansbang – Tittling – Waldkirchen – Freyung – Grafenau – Glashütte – Langbruck – Wegscheid – Untergriesbach – Hauzenberg – Passau

Streckenlänge: 640 km

Ausgangspunkt: Regensburg

Endpunkt: Passau

Anfahrt zum Ausgangspunkt:
Via A 3, A 6 oder A 9 nach Nürnberg und über die A 3 nach Regensburg

Campingplätze: Über 20 Plätze zur Auswahl, www.bayerischer-wald.de

Treffs: Thurmansbanger »Elefantentreffen«, alljährlich Ende Januar

Sehenswürdigkeiten:
Kollnburg: Motorradmuseum im Wurzelhaus
Linden/Jandelsbrunn: Motorradmuseum Rosenberger

Lalling/Stritzling: Fahrzeug und Kunstmuseum Streicher; Historienfeste: z. B. »Drachenstich« zu Furth im Wald (www.drachenstich.de) oder Trenck-Festspiele in Waldmünchen (www.trenckfestspiele.de);
Bodenmais: Silberbergwerk (www.silberberg-online.de)

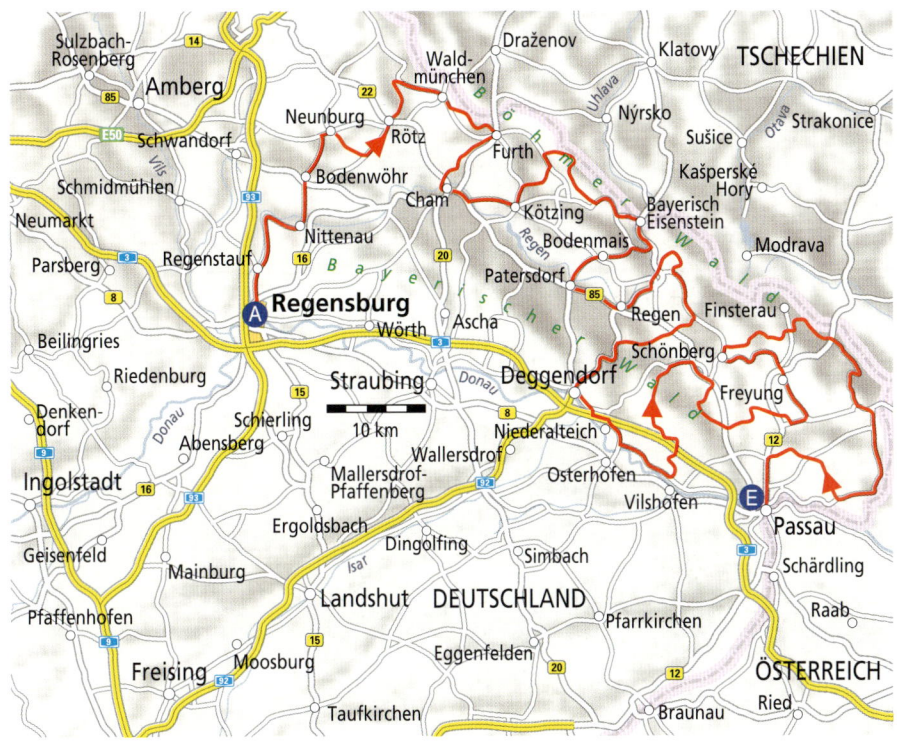

12 Bildschönes Kleinod

Unterwegs zwischen Haßgau und Grabfeld

Dass die Haßberge im Herz von Franken ein ganz besonderes Tourenerlebnis bieten, mag man allein schon angesichts ihres martialischen Namens glauben. Fern ab von bösen Gedanken oder gar Lebensgefahr erwartet den stets furchtlosen Biker hier ein äußerst geschichten- und vor allem kurvenreiches Kulturland, gewürzt mit echter fränkischer Beschaulichkeit.

Haßberge und Grabfeld, Galgenberg und Haßgau – beim vorbereitenden Studium der Karte mag auch Ihnen kurz der Gedanke durch den Kopf flitzen, für diese Reise besser mal eine kugelsichere Weste unter die Mopedkutte zu ziehen. Doch das ist völlig unnötig, wie ich nach nunmehr drei Aufenthalten in den Haßbergen bestätigen kann. Das beschauliche Städtchen Haßfurt ist unser perfekter Tourenstandort.

Schlauberger mit Pseudonym

Kaum haben wir die Stadtgrenze passiert, geht es auf kaum mehr als lenkerbreiten Pisten dahin. Horizontweite Wiesen und lichte Waldstücke säumen den Weg, da taucht unvermittelt ein imposantes Stadttor vor uns auf. Dahinter empfängt uns mit einem Sammelsurium aus verwinkelten Gässchen und verträumten Ecken das Städtchen Königsberg, eine der Perlen Frankens mit langer Geschichte. Regiomontanus, der berühmte Astronom und Mathematiker erblickte hier als Johann Müller 1436 das Licht der Welt. Mit frühreifen zwölf Jahren studierte der blitzgescheite Bub bereits in Leipzig, in Nürnberg gründete er 1472 unter dem Alias »Regiomontanus« (der Königsberger) die erste Sternwarte der Welt, und Papst Sixtus IV. berief ihn zur Mithilfe an der Kalenderreform nach Rom. Sein bis heute schmuckes Geburtshaus findet sich inmitten einer prachtvollen Fachwerkzeile entlang der Hauptstraße.

Hofheim, wenige Kilometer weiter, ist ein Paradebeispiel fränkischer Beschaulichkeit. 1200 Jahre pralle Geschichte hat die Chronik der Stadt zu bieten – und an Markttagen ein ganz besonderes Ambiente: Stände mit Obst, Gemüse und Krimskrams ducken sich im Schutz ausladender Sonnenschirme, und das Café Kupfer direkt am Marktplatz erwartet uns zu einer kleinen Stärkung.

Kurvenhatz über die Dörfer

Dann geht es wieder hinaus in die Landschaft und in des Wortes wahrhaftigster Bedeutung »über die Dörfer«. Eichelsdorf, Stöckach und ungezählte Weiler im Südzipfel des sogenannten Grabfelds verschwinden in den Rückspiegeln. Über 60 historische Bauwerke, Burgen und Schlösser verstecken sich in der weiten Landschaft der Haßberge, blicken von Hügeln und Bergkuppen hinaus ins Land. In

Stadtlauringen fängt uns zu guter Letzt die Straße der Fachwerkromantik ein und führt uns spätabends über Aidhausen heim nach Haßfurt.

Über Sylbach und Uchenhofen geht es anderntags in den jungen Morgen. Unzählige Weiler rechts und links des Lenkers dösen im Glanz der Sonne, und nicht nur bei Humprechtshausen verliert sich so mancher Weg plötzlich in einer legalen Offroad-Einlage. Vor allem dem tourenden Entdecker empfehle ich solch einen »Planlostag« im Westteil der Haßberge – das Schachbrett aus Wiesen und Wäldern wird von einem dichten Netz einsamer Landstraßen durchzogen, die an vielen Tagen im Jahr uns ganz allein gehören. »Wenn dann die Sonne sticht, die Drossel singt, die gold'ne Ähre bricht, die Sense klingt – dann greif zum Wanderstab, besteig die Höh'n, schau Wald und Feld und See: Wie schön, wie schön, wie schön ...«, heißt es im alten Haßgau-Lied.

Fachwerkromantik und Schlossgeister

»Zile«, das althochdeutsche Wort für Dornengebüsch, verbirgt sich hinter dem Namen des nahezu 1000-jährigen Örtchens Zeil am Main, wenige Kilometer östlich von Haßfurt. Frisch herausgeputzt empfiehlt sich der historische Ortskern mit reichem Fachwerk und einer imposanten Kirche für einen Boxen- und Fotostopp.

Die Straße der Fachwerkromantik führt uns dann weiter Richtung Stettfeld, entlang der Lauter schlängelt sich die Piste tief hinein in das grüne Herz des Naturparks Haßberge. Via Kirchlauter, Ebern und einem Abstecher nach Seßlach erreichen wir Burgpreppach mit imposanter Schlossanlage. Die gehört seit 1300 Jahren der Adelsfamilie Fuchs. Verständlich, dass sich zahlreiche Geschichten und Sagen um das Schloss ranken – im Wassergraben soll vor langer Zeit ein Edelmann aus Liebeskummer Selbstmord begangen haben; doch jede Nacht zur Geisterstunde galoppiert der arme Kerl dort bis heute auf und ab. Und im Archiv des Schlosses soll

Nicht nur für Historiker gibt es viel zu entdecken: Auch Hofheim empfängt uns mit sorgfältig restauriertem Fachwerk-Genuss.

Durch diese hohle Gasse muss er kommen! Der Torbogen führt uns direkt in das sehenswerte Zentrum von Königsberg.

ein geflochtener Korb mit einer mumifizierten abgehackten Hand existieren als Zeichen eines kompromisslosen Gerechtigkeitssinns der Herren von Burgpreppach. Dennoch: Wenn am Schlosstor jemals ein »Zu verkaufen«-Schild prangen würde, ich wäre sofort bereit, meinen Bausparvertrag aufzulösen, um diese herrliche Immobilie zu erstehen.

Berg und Hügel und eine stromdurchglänzte Au

Über Pfarrweisach und Maroldsweisach geht es zu guter Letzt noch zu der hoch über dem Weisachtal thronenden Ruine Altenstein. Die Sonne steht bereits tief im Westen, als uns der Kamm der Haßberge zum Abschluss zu einem Abstecher einlädt. Auch wenn die Aussichtsplattform Schwedenschanze bereits geschlossen sein mag, einige Lichtungen auf dem Weg zum fast 500 Meter hoch liegenden Aussichtspunkt auf einem urzeitlichen Ringwall erlauben uns einen weiten Blick über die geschichtenreichen und so überraschend friedlichen Höhenzüge der Haßberge.

»Zum heil'gen Veit von Staffelstein komm ich empor gestiegen und seh' die Lande um den Main zu meinen Füßen liegen. Von Bamberg bis zum Grabfeldgau umrahmen Berg und Hügel die breite stromdurchglänzte Au – ich wollt', mir wüchsen Flügel«, heißt es im Lied der Franken über die Haßberge. Kein weiterer Kommentar nötig …

Da kann wohl nichts schief gehen: Gleich vier Heilige beschützen diese Brücke und die über sie Reisenden bei Ebern.

Überraschungspotenzial: So manche Piste in den Haßbergen endet dann in einer kleinen Offroadeinlage. Das macht Laune.

48

Informationen

Streckenverlauf:
Haßfurt – Prappach – Königsberg – Junkersdorf – Ostheim – Hofheim – Stöckach – Bundorf – Gabolshausen – Bad Königshofen im Grabfeld – Sulzfeld – Oberlauringen – Birnfeld – Aidhausen – Riedbach – Haßfurt – Sylbach – Holzhausen – Wettringen – Sulzdorf – Stadtlauringen – Ebertshausen – Hesselbach – Mainberg – Löffelsterz – Greßhausen – Haßfurt – Zell am Main – Bischofsheim – Steinbach – Kirchlauter – Ebern – Seßlach – Rothenberg – Burgpreppach – Pfarrweisach – Maroldsweisach – Ruine Altenstein – Hellingen – Sulzdorf an der Lederhecke – Stöckach – Eichelsdorf – Schwedenschanze – Haßfurt

Streckenlänge:
350–450 km mit Abstechern

Ausgangs- und Endpunkt:
Haßfurt

Anfahrt zum Ausgangspunkt:
Aus dem Westen über A 7 Kassel–Fulda–Würzburg und A 70 Schweinfurt bis Ausfahrt Haßfurt; oder via A 3 / A 7 / A 70 Frankfurt–Würzburg–Schweinfurt. Aus dem Osten über die A 9 / A 70 Hof–Bamberg

Übernachtungen:
Haßfurt: Meister-Bär-Hotel, www.mb-hotel.de
Zeil am Main: Hotel Restaurant Kolb, www.hotel-kolb-zeil.de

Campingplätze:
Campingplatz Sand am Main in den Mainauen, www.campingplatz-sand-am-main.de

Das Geheimnis fränkischer Mundart
Irgendwo im Niemandsland zwischen Bayerisch, Hessisch und Sächsisch wurzelnd, hat sich die fränkische Mundart als Markenzeichen fröhlicher Andersartigkeit derart perfektioniert, dass selbst jahrzehntelanges Siedeln und Steuernzahlen in Franken nicht ausreicht, diese Kommunikationsform auch nur im Ansatz zu erlernen. Um allerdings den Nutzwert unserer Reportage nachhaltig zu erhöhen, habe ich hier ein paar typische und alltägliche Idiome zusammengestellt:

Der Franke sagt	... und meint damit
Allmächd!	Ja gute Güte! / Ja großer Gott!
Biggsnfuddä	Konservendosen
Drodwaah	Gehsteig
Dsohdogda	Zahnarzt
Gaggala	Ei (auch in der Mehrzahl)
Gschbässla	Scherz
Saggrads	Filzlaus
Schbinahdwachdl	alleinstehende ältere Frau
Schluchdnschaissa	Österreicher
Schnärpfala	männliches Reproduktionsorgan
Wäggla	Brötchen, Semmel
Woas mächasd?	Wie bitte? / Was willst du?

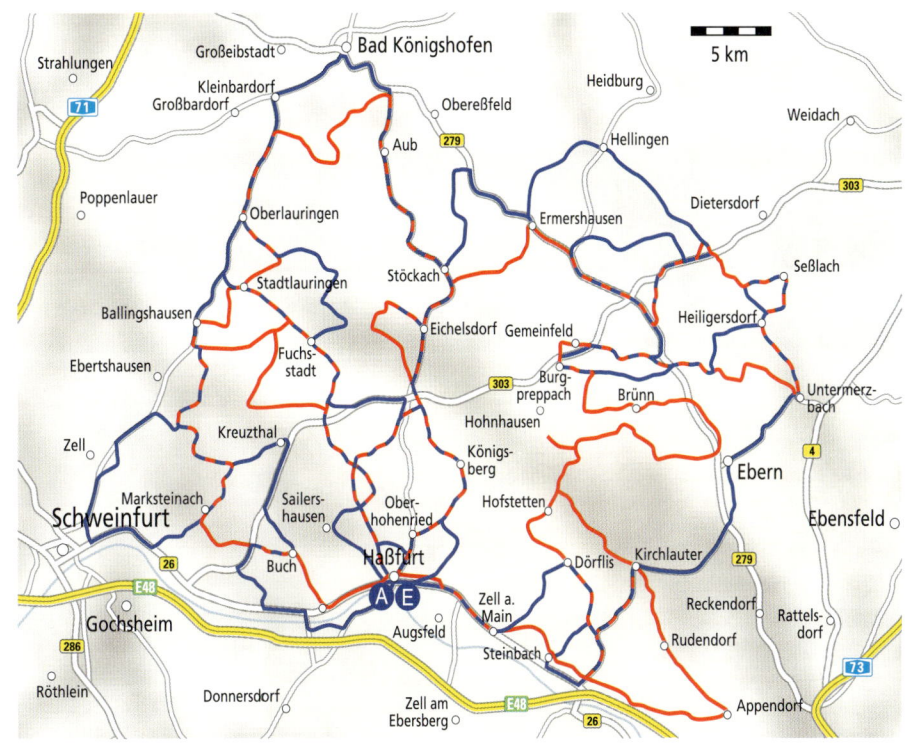

13 Zwischen Hopfen und Weinreben

Fränkisches Weinland – von Mainfranken bis Bierfranken

Im frühen Herbst noch einmal durchs Weinland cruisen, den Main mehrfach queren und in der Fränkischen Schweiz ein paar Motorradtreffs abklappern ... Entlang des Mains und bis zur Tauber erstrecken sich unendlich viele Weinberge; gleichwohl hat die Fränkische Schweiz die höchste Brauereien-Dichte Europas. Was liegt näher, als zwischen Wein, Gerste und Malz im Frankenland auf eine entspannte Entdeckungstour zu gehen!

Von Aschaffenburg kommend lassen wir den Odenwälder Bikertreff Amorbach lieber links liegen. Am Main, bei Dorfprozelten, ist Zeit für eine erste Rast. An einem sonnigen Herbsttag tummelt sich Jung und Alt am Mainufer, die Kleinsten spielen sogar in den Gestaden des Flusses. Man genießt die letzten intensiven Sonnenstrahlen, während die Mainschiffer ihre Kähne flott machen. Am wassernahen Kiosk »Ponde Rosa« haben es sich die Dorfältesten auf einer Bank gemütlich gemacht. Fremde werden zwangsläufig zum Gesprächsthema ...

Tief hinein ins Weinland Franken

In Wertheim vis-à-vis der gleichnamigen Burg gibt es ein ruhiges Café mit Aussichtsterrasse. Östlich von hier verkehren besonders viele kleine Straßenfähren über den Main – es gibt motorbetriebene, aber auch durch die Strömung traversierende Fähren, was einem der freundliche Fährmann auf der kurzen Fahrt sicherlich noch einmal erklären wird. Das Fährerlebnis kostet meist nur 1 Euro.

Auch vor den Toren des idyllischen Weindorfs Mainstockheim, zwischen Kitzingen und Ochsenfurt, verkehrt noch so eine handbetriebene Mainfähre. Sulzfeld hingegen ist von einem fotogenen Mauerring mit zahlreichen Toren und Türmen umgeben. Südlich des Mains geht es nun immer tiefer hinein ins Weinland Franken. Spätestens in der Gegend von Frickenhausen, einem typisch fränkischen Weindorf, ist es dann so weit: Weinberge, so weit das Auge reicht! Ich gönne mir eine Nacht im stylischen Weinhotel Meintzinger, in dem

so mancher an einem kleinen Fläschchen Frickenhäuser Kapellenberg süffelt.

Auch Volkach ist eines dieser typisch weinfränkischen Dörfer mit Mauerring und hohen Tortürmen. Ein Grund, weswegen viele nach Volkach kommen, ist die exponiert gelegene Vogelsburg samt renovierter Augustiner-Klosterkirche, im Herz der Mainschleife und inmitten von Weinbergen. In der Ferne sieht man die Region des Maindreiecks, deren kräftiges Grün der Weinreben mit dem Himmel in wunderbarem Kontrast steht. Auf der Kuppe eines Weinbergs gelegen, hat man von der Vogelsburg einen Ausblick auf den 100 Meter tiefer gelegenen Flussmäander: Hier liegen zu unseren Füßen die Weinorte Volkach, Nordheim und Escherndorf, deren Weinhänge zu den bekanntesten Lagen Frankens zählen.

Über die Steigerwald-Höhenstraße nach Bamberg
Unweit der Vogelsburg lohnt sich der Abstecher zur Hallburg-Ruine. Bis vor ein paar Jahren konnte man hier in Ruhe auf der Terrasse draußen sitzen und speisen, heuer ist nur die benachbarte Vinothek geöffnet.

Im abgelegenen Handthal liegt das Steigerwald-Besucherzentrum, und auffällig viel Rotwild steht brav in angelegten Gehegen. Die Steigerwald-Höhenstraße ist das rote Band, dem man nun genussvoll nach Nordosten folgt. Ab

Unterwegs im Coburger Land: Zwiebeltürme und Wegkreuze

Wie einst im Mai: Löwenzahnwiesen so weit
das Auge reicht am Rande des Spessarts

Ebrach taucht die Straße in den Wald, sauerstoffreiche Luft macht wieder fit für weitere Besichtigungen: Den Komplex des ehemaligen Zisterzienserklosters Ebrach kann man kaum verfehlen; nebenan steht eine prächtigen Abteikirche mit den Ausmaßen eines Doms. Vom Coburger Gemüsemarkt geht es hoch hinaus zur Coburg. Aus der Entfernung ist sie noch ein Deut fotogener, aber die Aussicht auf das Coburger Land rechtfertigt den Fußweg hinauf allemal.

Wallfahrtskirchen wie die Basilika von Vierzehnheiligen oder Kloster Banz fliegen vorbei, dann gelangt man zwischen Main und Regnitz in die heimliche Hauptstadt Oberfrankens, Bamberg. Zu Recht: Ihr UNESCO-Welterbe verdient sie ebenso wie den Beinamen »Klein Venedig«. Viel Wasser durchzieht das historische Zentrum, meist ist es die Regnitz, die kurze Zeit später in den Main mündet. Das schöne Ensemble zieht Scharen von Touristen an, die auf ihrem Weg vom Obstmarkt in die Karolinenstraße den Torturm des alten Rathauses passieren. Am Gebäude prangen farbenfrohe Fresken von Johann Anwanderer. Dann geht's hinauf zum Bamberger Dom und zur Residenz; die Altstadt ist sogar z. T. mit dem Motorrad befahrbar. Der Dom zeigt altes Chorgestühl und das Wahrzeichen der Stadt, den Bamberger Reiter. An den wild bewachsenen Ufern der Regnitz kann man danach mitten in der Stadt wunderbar ein Picknick im Grünen machen.

Kathi-Bräu – Biker-Treff mit Kellerbier

Von Bamberg lockt die viel beschriebene Fränkische Schweiz als Motorrad- und Freizeit-Revier. Fünf Kilometer in Richtung Fränkische Schweiz lockt mit 21 Hektar Garten und Anlagen die frühere Residenz der Bamberger Fürstbischöfe – auch heute noch sehr pompös.

Beim Motorradtreff Kathi-Bräu kostet die Maß nicht viel, doch wie soll man danach sein Motorrad vom Platz bekommen? Die Fränkische Schweiz wäre für Biker schon ein Thema für sich. Nur ein Tipp: Zwischen Gößweinstein, Pottenstein, Aufseß, Tüchersfeld und Ebermannstadt kann man hervorragend Motorrad fahren, bodenständig essen, Höhlen erkunden und im Fels klettern.

Westlich von Nürnberg fahren wir durch das sehr ländliche romantische Franken nach Rothenburg ob der Tauber. Dieses ist nicht nur wegen des Taubertal-Festivals bekannt, sondern vor allem wegen seines mittelalterlichen Stadtbilds, seiner exponierten Lage und der zahlreichen Baudenkmäler (z. B. Jakobskirche mit dem berühmten Riemenschneideraltar). Auch hier lohnt es sich, inmitten der Stadtmauern sein Motorrad abzustellen, die Altstadt zu erkunden und die Aussicht ins Taubertal zu genießen.

Bevor wir die Runde zum Main wieder schließen, erkunden wir entlang der Tauber noch sehr schöne Motorradstrecken und treffen uns mit einheimischen Freunden an der Stelle, wo Ober-, Unter- und Mittelfranken zusammentreffen: Beim »Weinparadies Scheune« bei Bullenheim ist man von »Bierfranken« endgültig wieder in Wein- und Mainfranken angekommen.

Oben: Westliches Turmtor von Frickenhausen –
Kopf einziehen und durch!

Unten: Unübertreffliche Bierauswahl – zwischen Forchheim und Aufseß hat jedes Dorf eine Brauerei.

Informationen

Streckenverlauf: Aschaffenburg – Miltenberg – Wertheim – Frickenhausen – Kitzingen – Volkach – Hallburg – Steigerwald (Ebrach) (alternativ: 70 km Steigerwaldstraße: Aisch – Hombeer – Schlüsselfeld – Eltmann) – Handthal – Bad Rodach – Coburg – Bamberg – Fränkische Schweiz – Gößweinstein – Forcheim – Baiersdorf – Nürnberg – Rothenburg o. d. Tauber – Iphofen (Knauf) – Bullenheim – Gmünden – Lohr – Aschaffenburg

Streckenlänge: Ca. 750 km

Ausgangs- u. Endpunkt: Aschaffenburg

Anfahrt zum Ausgangspunkt: Von Norden über Frankfurt (A 45) und von Süden über A 3 / A 81 oder A 5 und B 26

Übernachtung: Volkach: Hotel Turm-Dieb, www.turmdieb.de; Meintzinger Weingut, www.hotel-meintzinger.de

Campingplätze: Campinginsel bei Bamberg: www.campinginsel.de

Treffs: Motorrad-Treff und Brauerei-Wirtschaft Kathi-Bräu, www.kathibraeu.de, Heckenhof

Sehenswürdigkeiten:
Wertheim; **Lohr:** Spessartmuseum; **Würzburg:** Residenz und Feste Marienberg, Mainfränkisches Museum; Hofgarten am Schloss Veitshöchheim; **Volkach:** Wallfahrtskirche Maria im Weingarten; **Kitzingen:** Fastnachtsmuseum im Falterturm; **Abtei Münsterschwarzach:** imposant vierschiffige Benediktiner-Abtei; **Bamberg**; **Handthal**: Steigerwald-Besucher-Zentrum; beste Motorradstrecken: Steigerwaldstraße; am Main entlang (Maindreieck, Mainviereck); Fränkische Schweiz

Oben: Bamberger Regnitz-Ansichten
Unten: Die Wirtschaft im Handthal ist durch und durch bikerfreundlich.

53

14 Wo der Rhein am schönsten ist

Entlang des Mittelrheins von Köln bis Rüdesheim

Mit 1320 Kilometern Länge ist der Rhein nicht nur der längste, sondern auch der berühmteste Fluss des Landes. Der schönste Abschnitt des verkehrsreichsten Flusses der Welt liegt zwischen Köln und Rüdesheim. Die besten Ausblicke und den maximalen Fahrspaß versprechen aber garantiert nicht die den Strom flankierenden Bundesstraßen, sondern die zahlreichen kleinen Wege, die aus dem engen Tal hinauf zu den Höhen des Schiefergebirges kurven. Eine Reise durch Geschichte, Kultur und Landschaften.

Beginnen wir im Dorf an der Düssel. Landeshauptstadt, Zentrum der Schönen und Reichen, extravagante Architektur am neuen Medienhafen und internationaler Flughafen. Düsseldorf macht auf Weltstadt und liegt dabei im ständigen Wettstreit mit der eigentlichen Metropole am Rhein. Köln, Synonym für das jecke Leben zwischen Karneval, Kölsch, Klüngel und Kirche. Mag Düsseldorf auch moderner sein – was der Kölner natürlich bezweifelt –, gegen das einzigartige Stadtpanorama zwischen Dom und Strom macht Düsseldorf nun wirklich keinen Stich. Vor allem der gigantische Dom mit seinen 157 Meter hohen Zwillingstürmen dominiert die Stadt. Wer mag, kann den düsteren Riesen hautnah erle-

ben, über 509 Stufen einen der Türme besteigen, die gotische Baukunst aus 600 Jahren bewundern und die Aussicht genießen. Die reicht bei klarem Wetter von Düsseldorf bis zum Siebengebirge.

Viel strapazierte Rheinromantik

Gebirge – endlich ist das platte Land vorbei. Vor uns liegt der schönste Teil des Rheins, der Durchbruch durchs Rheinische Schiefergebirge. Langsam, aber sicher steigert sich die Dramatik der Landschaft, die Berge werden höher, engen den Strom immer mehr ein, bevor an der Moselmündung am Deutschen Eck in Koblenz das grandiose Mittelrheintal beginnt.

Die nächsten 60 Flusskilometer bis Rüdesheim haben es in sich, sind mit der Auszeichnung UNESCO-Weltkulturerbe geadelt worden. Nirgendwo sonst ist die Burgendichte höher als hier. 31 mittelalterliche Gemäuer thronen beiderseits des Rheins in aussichtsreicher Lage. Für die Burgherren im 13. und 14. Jahrhundert hatte die Wahl des Bauplatzes vor allem zwei Gründe: strategisch auf der sicheren Seite zu sein und ordentlich Zoll von den vorbeifahrenden Schiffen zu kassieren – Wegelagerei im Mittelalter.

Heute sind die Burgen der Gipfel der viel strapazierten Rheinromantik. Allerdings versinkt diese Romantik nur zu oft in Kitsch, Lärm und Kommerz, besonders augenfällig in Boppard und Rüdesheim.

Kurvenspaß und eine Femme fatale

So schön das Tal auch ist, das permanente Getöse von Bahn und Autos nervt. Und Kurven gibt es auch nicht. Das aber lässt sich leicht ändern, klettern doch zahlreiche wunder-

Köln von seiner schönsten Seite. Blick auf das Altstadtpanorama zur blauen Stunde.

Hoch über dem Rhein wie hier bei Trechtingshausen gibt es stets die besten Aussichten ins Flusstal.

bare Straßen aus dem Tal hinauf in Taunus oder Hunsrück. In Boppard biegen wir ab, schwingen durch ein Dutzend Serpentinen und noch mehr Kurven hinauf in die Berge, verlieren uns auf paradiesisch ruhigen kleinen Nebenstraßen, die durch alte Buchenwälder kreuzen, und stranden schließlich hoch über St. Goar an einem fantastischen Aussichtspunkt: Direkt unter uns hat der Rhein seine berühmteste Dreifachkurve ins Gebirge gefräst, zirkelt in engem Radius um den Loreley-Felsen und zwingt die Kapitäne, ihre langen Schiffe in abenteuerlichen Drifts ums Eck zu biegen. Dank moderner Steuertechnik und ampelgeregelter Durchfahrt ist das heute kein Problem mehr.

Aber in den Zeiten, als die Femme fatale Lore von ihrem Felsen Ley die Binnenschiffer mit ihrem Gesang betörte, setzten diese ihre Kähne reihenweise ins Ufer. So erzählt es jedenfalls die Legende. Heute verzaubert die Loreley vor allem Besucher aus Übersee.

Fachwerk und Mittelalter-Fantasien

Wir seilen uns wieder ab ins Tal, bunkern zwischen den wunderschönen Fachwerkhäusern von Oberwesel Kaffee und Kuchen und schauen uns dann die Außergewöhnlichste aller Rheinburgen an: Pfalzgrafenstein, das wie ein mittelalterliches Fantasie-Schlachtschiff auf einer kleinen Insel mitten im Fluss gebaut wurde und nur per Boot zu erreichen ist. Die Atmosphäre zwischen meterdicken Mauern, 650 Jahre alten Eichenbalken und Dutzenden von Zinnen und Türmchen ist wirklich einzigartig. Ein Stopp, der unbedingt zu empfehlen ist!

15 Kilometer später endet das enge Tal abrupt beim Binger Loch, ehemals sehr gefährliche Stromschnellen, die vom schlanken weißen Mäuseturm bewacht werden. Noch heute hat das Binger Loch bei Niedrigwasser tückische Strudel und Wellen, wurde schon für so manchen Amateur-Paddler zur tödlichen Falle. Für uns ist Rüdesheim der Wendepunkt dieser Tour, geht doch die Landschaft hier in die eher langweilige Rheinebene über. Höchste Zeit, um umzudrehen und das Tal nochmals zu erkunden, diesmal eben andersrum.

Das alte Haus in Bacharach stammt aus dem Jahre 1368 und zählt zu den schönsten im Ort.

An der Loreley ist der Rhein nur 120 Meter breit. Binnenschiffer nehmen die Dreifachkurve in weiten Drifts.

Informationen

Streckenverlauf: Düsseldorf – Köln – Bonn – Remagen – Koblenz – Mittelrheintal bis Rüdesheim. Immer entlang des Rheins, wahlweise auf der linken oder rechten Flussseite. Zahlreiche Fähren ermöglichen den schnellen Seitenwechsel. An warmen Wochenenden ist im Tal oft die Hölle los; viel entspannter geht es unter der Woche zu.

Streckenlänge: Mindestens 250 km, je nach Abstechern auf die Höhen rechts und links des Stroms kommen beliebig viele Kilometer dazu. Die komprimierte Version dieser Tour zwischen Koblenz und Rüdesheim misst 60 km.

Ausgangspunkte: Düsseldorf, Köln oder Koblenz

Endpunkte: Rüdesheim oder Mainz

Anfahrt zum Ausgangspunkt: Von Norden über die A3 und A1 bis Köln oder Düsseldorf, von Osten geht es über die A1 oder A4. Von Süden kann man die Tour in Mainz beginnen, erreicht die Stadt am Rhein am schnellsten über A61 oder A3.

Übernachtungen: Hotels und Pensionen gibt es in großer Auswahl in jeglicher Kategorie. Besonders spannend ist eine Übernachtung auf einer Burg.

Campingplätze: Viele Plätze im Rheintal, besonders der unterhalb der Loreley besticht mit bester Aussicht. Allerdings ist ruhiger Schlaf kaum möglich, weil die nächtlichen Güterzüge auf beiden Rheinseiten für Getöse sorgen – Ohrstöpsel nicht vergessen!

Treffs: Beinahe jedes Café im Mittelrheintal ist ein prima Treffpunkt.

Sehenswürdigkeiten: Alles Sehenswerte entlang des Rheintals aufzulisten, hieße nun wirklich Eulen nach Athen zu tragen – zwischen Koblenz und Rüdesheim drängen sich die sehenswerten Burgen und Orte im Minutentakt. Einen guten geschichtlichen, kulturellen und touristischen Überblick liefert wie üblich das Internet. Einfach »Rheintal« als Suchbegriff eingeben.

15 Wald, Wald und nochmals Wald

Auf Abwegen durch den »Spechtswald«

Der »Spechtswald«, so die Bedeutung des Namens Spessart, ist bekannt für sein raues Klima. Die Naturparks Spessart und Vogelsberg sind exzellente Reviere zum Motorradfahren, und mit dem Schottenring sowie den Trial-Sektionen von Großheubach zeigt sich die Region von ihrer sportlichen Seite. Wo früher Räuber lauerten und Angst und Schrecken verbreiteten, gibt es heute ein weit verzweigtes Wegenetz mit kurvigen Sträßchen aller Kategorien.

Großheubach ist nur einen Steinwurf von Miltenberg entfernt, wo's nicht nur zahlreiche Touristen in der historischen Altstadt gibt, sondern wo sich auch viele empfehlenswerte Motorradstrecken kreuzen. Miltenberg liegt verkehrsgünstig im Dreiländereck Bayern–Hessen–Baden-Württemberg – die Tendenz zum Rhein-Main-Gebiet ist von der Mentalität her nicht zu übersehen.

Zwischen Trial und Historie

In Großheubach rasseln wir prompt mitten in die deutsche Trialmeisterschaft hinein. Diese findet in einer ihrer Hochburgen, beim MSC Großheubach nahe Miltenberg statt. Auf über sechs Hektar Fläche eines Steinbruchs gibt's für die federleichten Trialer im »Trial-Europa-Zentrum« 24 leichte bis schwere Sektionen. Unsere Harleys sind so ziemlich das Gegenteil von Leichtbau, und so werden wir erst neugierig beäugt, dann aber herzlich im Fahrerlager aufgenommen.

Vom Main bei Miltenberg kann man auf zwei wunderbaren Uferstraßen den Main entlang mäandern, bis man unweigerlich auf eine Spessart-Tourismus-Perle trifft: das Wasserschloss von Mespelbrunn. Die abgelegene Zufahrt durchs Elsava-Tal ist aus verständlichen Gründen gesperrt. Wir treffen nach Feierabend auf ein Familienmitglied des sich im Privatbesitz befindlichen Schlosses – zum Saisonbeginn ist die Straße hier tagsüber stark frequentiert, und wir fragen den Mann, wie man als Anwohner damit zurechtkommt. »Man gewöhnt sich an alles«, kommt es zurück. Im 16. Jahrhundert ließ Fürstbischof Julius Echter von Mespelbrunn unzählige Kirchen mit markanten spitzen Türmen erbauen, die nach ihrem Erbauer nun folgerichtig Echtertürme heißen.

Schottenring und menschenleere Wälder

Über Orte wie Linsengericht führt unser Kurs nach Norden in die Vogelsberg-Region und damit zum Schottenring, der alten deutschen Rennstrecke mit ihrem 35,7 Kilometer langen Rundkurs. Auf dem Hoherodskopf bei Gedern treffen sich bei gutem Wetter eine Menge Schottenring-Fans. Und

Informationen

Streckenverlauf: Großheubach – Dorfprozelten – Schollbrunn – Schloss Mespelbrunn – Saillauf, Blankenbach – Linsengericht – Büdingen (Schloss) – Hirzenhain – Schotten – Schottenring – B276 – Gedern – Wenings – Hitzkirchen, Brachttal – Bad Orb – Jossgrund – Sinntal – Bad Brückenau

Streckenlänge: Ca. 271 km

Ausgangspunkt: Großheubach Trialgelände, www.msc-grossheubach.de

Endpunkt: Bad Brückenau

Anfahrt zum Ausgangspunkt: Der Spessart ist über Frankfurt, Fulda oder Würzburg gut zu erreichen. (A7, A66, A3)

Übernachtung: Landgasthof Zum Jossgrund (Biergarten) Tel.: 06665 254, Jossa

Campingplätze: www.seecamping-freudenberg.de (Maintal)

Treffs:
Schottenring: Hoherodskopf im Vogelsberg mit Gastronomie und Ausblick, Landgasthof Zum Jossgrund

Sehenswürdigkeiten:
Schottenring, Schloss Mespelbrunn, Mitlenberg, Wertheim, Vogelsberg, Gelnhausen, Kaiserpfalz und Barbarossaburg, Naturparke Hoher Vogelsberg und Spessart

südlich davon zeigt uns die B 276 dann, was in Deutschland an Schräglagen so alles möglich ist.

Ab Bad Orb tauchen wir wieder in die waldigen Lagen des Spessarts ein, und je weiter wir in den menschenlosen Spessart hineinfahren, desto kühler wird es. Auf einer waldigen Berg- und Talfahrt, der Strecke zwischen Schollbrunn und Rohrbrunn, quetscht sich ein uralter Trecker zwischen uns. Hinter dem Trecker steigt eine tiefblaue Abgasfahne auf, als er heftig durchstartet, während wir mit den Harleys auf topfebenem Asphalt durch eine tiefe Mulde gleiten.

Vom Spessart führen uns die kurvigen Sträßchen, deren Ränder mit gelben Löwenzahn überwuchert sind, durch den Jossgrund und das Sinntal direkt und übergangslos in die Rhön nach Bad Brückenau.

Battle of Twins: Schnurgerade durch die Senke, mitten im Spessart

No Problem: Trialeinlage mit Harley auf dem Trialgelände von Großheubach

16 Rhön-Radeln – im Land der offenen Fernen

Zum motorisierten Gipfelsturm im Biosphärenreservat

Das im Herzen von Deutschland gelegene Mittelgebirge Rhön mit vulkanischem Ursprung ist politisch gesehen dreigeteilt: Hessen, Thüringen und Bayern teilen sich hier ein Fleckchen Erde, das an Natur, Geschichte und Tourismus einiges zu bieten hat. Was jahrelang vom Eisernen Vorhang getrennt war, ist mittlerweile ein äußerst attraktives mitteldeutsches Motorradrevier geworden. Biker sind hier überall willkommen!

Die Abfahrt Fulda-Mitte von der A 7 ist der Einstieg für eine Rhöner Genusstour. Noch in ganz sachten Kurven führt die Straße über Dipperz in die Rhön, und nach der Eingewöhnungsphase schlängeln wir uns über die Serpentinen bei Poppenhausen Richtung Wachtküppel hinauf. In Gersfeld halten wir uns nördlich und fahren über Oberhausen Richtung Wasserkuppe, dem höchsten Berg der Rhön.

Der erste Halt liegt an der Fuldaquelle, die bereits einen kleinen Abstecher lohnt, wird doch aus diesem kleinen Rinnsal ein bedeutender Fluss, der sich in Hann. Münden mit der Werra zur Weser vereinigt.

Weiter oben, am Scheitelpunkt der Straße direkt neben dem Flugplatz, gibt es im Sommer jede Menge Biker-Parkplätze und nebenan am Doppelkiosk bei Walter und Lotti sind Mopedfahrer immer willkommen – bei einer Bratwurst genießen wir die Aussicht. Hier, wo zu Beginn des 20. Jahrhunderts die ersten Segelflugversuche unternommen wurden, gibt es auch ein sehenswertes Museum zu diesem Thema. Mit glattem Belag versehen führt uns die Straße Richtung Abtsroda. Wir bleiben ein paar Kilometer auf dem Hochrhönring und biegen in Dietges links ab in die schmale Zufahrtsstraße zur Enzianhütte, die sich steil den Berg hinaufschlängelt.

Von der Hohen Geba in den Knast

Über Dörmbach und Eckweisbach fahren wir zur B 278 Richtung Tann. In Wendershausen biegen wir nach Osten ab, fahren aus dem Ulstertal wieder heraus und ziehen eine Schleife durch die Thüringische Rhön. Ein kurzes Highlight ist der etwa 800 Meter lange Streckenabschnitt von Unterweid Richtung Kaltenwestheim, der mit engen, steilen Kurven punktet. Von hier aus geht es östlich nach Kaltensundheim.

Wir biegen ab nach Helmershausen und fahren über schöne, lang gezogene Kurven zur Hohen Geba (751 m) hinauf. Typisch in der Rhön sind die unbewaldeten Hochflächen, die dem Mittelgebirge auch den Beinamen »Land der offenen Fernen« einbrachten. Von der Hohen Geba aus kann man die Blicke schweifen lassen und zurück zur Wasserkuppe mit dem Radom schauen.

Die Abfahrt wählen wir über Stepfershausen. Von hier aus geht es weiter ins schöne Städtchen Meiningen. Im Ort lohnt sich auch ein Abstecher ins Museumscafé im barocken Ambiente des Schlosses Elisabethenburg.

Auf glattem Belag geht es durch die Rhön.
Im Hintergrund sieht man die Wasserkuppe.

Informationen

Streckenverlauf: A 7 Fulda-Mitte – Dipperz – Poppenhausen – Wachtküppel (– Gersfeld) – Fuldaquelle – Wasserkuppe – Abtsroda – Hochrhönring – Dietges – Kleinsassen – Dörmbach – Wendershausen – Hohen Geba – Stepfershausen – Meiningen – Skulpturenpark Schanz – Mellrichstadt – Fladungen – Hochrhönstraße – Kreuzberg – Bischofsheim a. d. Rhön – Wildflecken – Bad Brückenau

Streckenlänge: 205 km

Ausgangspunkt: Fulda

Endpunkt: Bad Brückenau

Anfahrt zum Ausgangspunkt: Über die A 7 bis Fulda / Bad Brückenau

Übernachtungen: Bischofsheim: Pension von Pöpperl Gudrun; Alte Fronveste Meiningen, www.fronveste-meiningen.de; **Schwarzbach-Hofbieber:** Rhön Stern Hotel, www.rhoen-stern-hotel.de

Campingplätze: Bischofsheim: www.rhoencamping.de; Tipp: Weidberg-Camping bei Kaltenwestheim: www.weidberg-camping.de

Treffs:
Wasserkuppe; Kreuzberg

Streckensperrungen:
Gefährdete Heizer-Strecke B 27: Motten–Kothen–Bad Brückenau

Sehenswürdigkeiten:
Wasserkuppe mit Deutschem Segelflugmuseum; Skulpturenpark auf der Schanz; Freilandmuseum Fladungen; Fuldaquelle; Kloster Kreuzberg; Schwarzes Moor mit Aussichtsturm; Enzianhütte bei Dietges; Hohe Geba mit Rhönkulturgarten; Götz-Höhle bei Meiningen; Pfundsmuseum in Kleinsassen

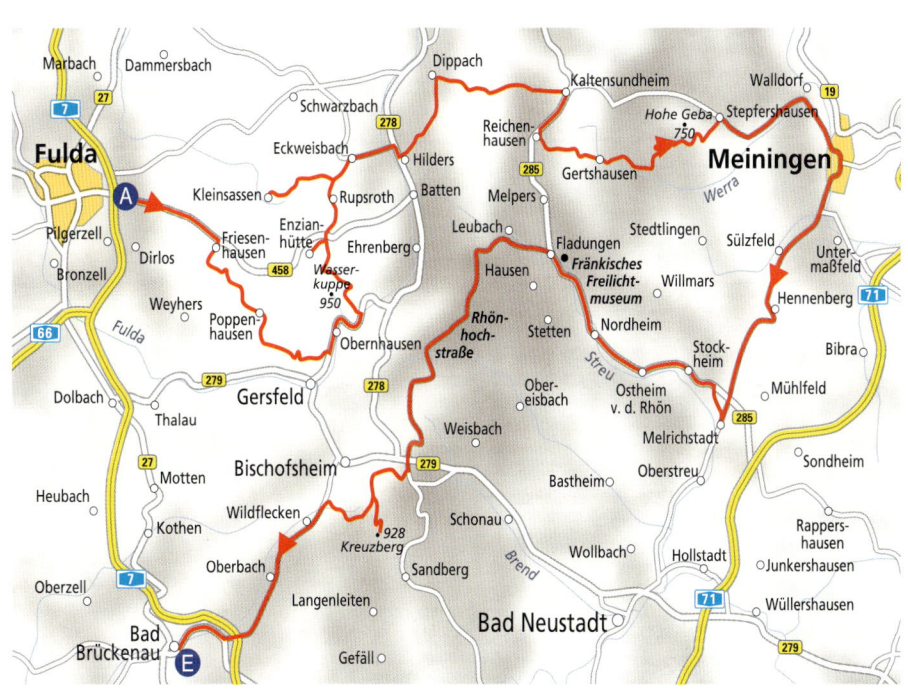

Auf der Westseite des Tals liegt die Götz-Höhle, die einzige begehbare Kluft- und Spaltenhöhle Europas. Vom Kiosk aus kann man deutlich das alte Gefängnis, die »Fronveste« erkennen, in der man heute gegen Geld nächtigen kann. Weiter Richtung Mellrichstadt werden wir mit der der ehemaligen deutsch-deutschen Grenze konfrontiert – auf der sogenannten Schanz mit ihrem Skulpturenpark an der höchsten Stelle; hier war einst der Grenzübergang Eussenhausen. Am Ende des Streutals erreichen wir die Stadt Fladungen mit ihrem Freilandmuseum.

Strecke mit Weitsicht, Berg der Franken
Hinauf geht's zur Hochrhönstraße, deren herrliche Kurven uns hoch hinaus zum Dreiländereck leiten. Etwa zwölf Kilometer lang schlängelt sie sich über die Lange Rhön, eine große zusammenhängende Hochfläche, um dann durch den Wald wieder ins Tal hinabzuführen. Von Bischofsheim aus geht es hinauf zum Kreuzberg (928m), am Kreuzbergsattel biegen wir nach Wildflecken ab, umrunden den Truppenübungsplatz und schließen in Bad Brückenau unsere Rhönrundfahrt.

17 Märchenhafte Straße

Von den Bremer Stadtmusikanten zu den Brüdern Grimm

Wer mit dem Motorrad unterwegs ist, sollte mit beiden Rädern fest auf dem Boden der Tatsachen bleiben – Zeit zum Träumen oder gar für Märchen bleibt da nicht. Doch es gibt eine Ausnahme: die Deutsche Märchenstraße, die von Worpswede bei Bremen nahe der Nordseeküste bis hinunter nach Hanau, schon gut in Deutschlands Mitte gelegen, führt.

In den Städten entlang der Strecke werden die alten Fabeln und Geschichten wieder lebendig, die wohl jeder aus den Märchenbüchern seiner Kindheit kennt. Aber auch landschaftlich wird einiges geboten, geht es doch von der Norddeutschen Tiefebene, anfangs an der Weser entlang, dann mit der Fulda an die Deutsche Mittelgebirgsschwelle bis Hanau am Rand des Spessarts, der dem Dichter Wilhelm Hauff (1802–27) als Kulisse für das »Wirtshaus im Spessart« diente.

Die Bremer Stadtmusikanten

Ich habe meinen Startpunkt etwas nördlich von Bremen gelegt, nach Worpswede, wo ich im sogenannten Teufels-

moor mit seinen Moorgräben und Moorkanälen, kleinen Waldstücken und Torfbrüchen mit dunkler Bruchkante einen Eindruck von der Weite und Schwermütigkeit der Landschaft hier oben erhalte. Schon in Bremen komme ich aber wieder auf heitere Gedanken, als ich meine Maschine vor dem Eingang zum Ratskeller abstelle und das Bronzedenkmal mit den vier tierischen Gesellen – Esel, Hund, Katze und Hahn – betrachte, die in Bremen ihren Lebensunterhalt als Straßenmusikanten verdienten und dabei, den Brüdern Grimm zufolge, eine ganze Räuberbande in Angst und Schrecken versetzten.

Die Geschichte über die vier war ganz bestimmt nicht real – diejenigen, die man sich über den Piraten Klaus Störtebeker (1360–1401) erzählt, dagegen schon eher. In Verden, das sich in einer flachen Marschlandschaft inmitten fruchtbarsten Acker- und Weidelands erstreckt, soll er geboren worden sein. Der Vollständigkeit halber sei allerdings gesagt, dass sich mehrere Städte, darunter auch Wismar, mit dem eher zweifelhaften Prädikat seiner Geburtsstadt schmücken.

Oben: Diese harmlose Rattenfänger-Version begrüßt jeden Gast vor der Tourist-Info im Zentrum Hamelns.

Unten: Die Bremer Stadtmusikanten sind vor dem Ratskeller zu finden.

Mitfahrgelegenheit gesucht: Die Älteren dieser Kamelfamilie bei Holzminden würden offensichtlich gerne mal probefahren.

Über die Porta Westfalica zum Rattenfänger

Die Weser, deren Verlauf ich nun folge, zeigt sich nur hin und wieder, dafür lockern Waldgebiete die Fahrtroute auf, und bei Leese mache ich einen kurzen Abstecher zum Steinhuder Meer, das mit etwa 30 Quadratkilometern und einer Wassertiefe von drei Metern zwar nicht die Ausmaße eines Meers aufweist, aber Deutschlands größter Binnensee ist. Der ruhige und flache Streckenverlauf wird jäh unterbrochen, als ich durch die Porta Westfalica fahre – dort durchbricht die Weser das Wiehengebirge im Westen und die Weserberge im Osten.

Beim Kaiser-Wilhelm-Denkmal auf dem gut 270 Meter hohen Wittekindberg schaue ich nochmals weit zurück über die Norddeutsche Tiefebene, bevor ich mich in Hameln nach dem bekannten Rattenfänger umsehen will, der dort im Jahr 1284 sein Unwesen getrieben haben soll. Am Westgiebel des Hochzeithauses erklingt täglich mehrmals das Rattenfänger-Glockenspiel, und am östlichen Ende der Osterstraße erinnert eine Inschrift an den Auszug der Kinder, während im Heimatmuseum im Stiftsherrenhaus eine Ausstellung zur Rattenfängersage besichtigt werden kann.

Auf der Suche nach Dornröschen

Nach diesen eher unschönen Geschehnissen möchte ich nun aber wieder auf positivere Gedanken kommen und ziehe die kurven- und waldreiche Strecke durch das Weserbergland dem direkten Weg auf der B 83 nach Münchhausen vor. Karl Friedrich Hieronymus Freiherr von Münchhausen (1720–97), besser bekannt als Lügenbaron, lebte hier wirklich, und so fand er auch seine letzte Ruhestätte in der Klosterkirche des ehemaligen Benediktinerinnenkloster im malerischen Ortsteil Kemnade.

Entlang der Weser folge ich den Schleifen der Straße, die hier teilweise in den Kalksteinfels gesprengt wurde, um dann kurvig durch den Reinhardswald zur Sababurg zu fahren. Dort hoffe ich, Dornröschen zu finden, die nach 100-jährigem Schlaf wachgeküsst werden will. Aber die Burg selbst ist größtenteils nur eine Ruine, und Dornröschen finde ich weder dort noch im Hotel Dornröschenschloss, das im ehemaligen Torbau (16. Jh.) untergebracht ist.

Etwas enttäuscht fahre ich deshalb in die alte Residenzstadt Kassel, wo die Brüder Jacob und Wilhelm Grimm Anfang des 19. Jahrhunderts als Bibliothekare für Landgraf Friedrich I. arbeiteten und mit ihren Märchen- und Sagenbüchern sich und die Figuren unsterblich machten. Selbst-

Offensichtlich nicht ganz dicht:
Baron Münchhausen und seine herrlichen Geschichten sind rund um Bodenwerder »lebendig«.

verständlich besuche ich das Brüder-Grimm-Museum im Palais Bellevue, wo ich mich ausführlich über Leben und Werke der Grimms informiere.

In Rotkäppchens Heimat

Durch die leicht hügelige ländliche Gegend des Baunatals, vorbei an der kuppigen Landschaft des bis zu 634 Meter hohen Knüllgebirges, erreiche ich das Schwalm, eine durch Talengen weitgehend abgeriegelte Flussniederung südlich von Schwalmstadt, wo Rotkäppchen beheimatet gewesen sein soll. Die Kuppel des Vogelsberg, immerhin 773 Meter hoch und das größte geschlossene Massiv aus Basalt in Europa, trennt mich noch vom Kinzigtal, das ich bei Schüchtern erreiche. Nicht mehr weit ist es von hier bis Hanau, der Geburtsstadt der Brüder Grimm, wo den beiden mit einer Statue am Marktplatz ein Denkmal gesetzt wurde.

Informationen

Streckenverlauf: Worpswede – Osterholz-Scharmbeck – Trupermoor – Bremen – Achim – Verden – Eystrup – Nienburg – Landesbergen – Petershagen – Minden – Bückeburg – Hessisch Oldendorf – Hameln – Bad Pyrmont – Bodenwerder – Holzminden – Neuhaus – Lippoldsberg – Sababurg – Reinhardshagen – Hann. Münden – Kassel – Fritzlar – Homberg – Schreckbach – Reuters – Lauterbach – Herbstein – Gunzenau – Schlüchtern – Steinau – Wächtersbach – Gelnhausen – Hanau

Streckenlänge: 696 km

Ausgangspunkt: Worpswede

Endpunkt: Hanau

Anfahrt zum Ausgangspunkt: Autobahn Bremen–Bremerhaven A 27, Ausfahrt 19 Bremen-Horn/Lehe und über Lilienthal, Worpshausen

Übernachtungen:
Hameln: Hotel Mercure Hameln, www.mercur.accor.com
Bad Pyrmont: Motorradhotel Alt Holzhausen, www.hotel-pyrmont.de;
Kassel: Golden Tulip Kassel Hotel Reiss, kassel-hotel-reiss.goldentulip.com

Campingplätze:
Auetal/Westerwald; Hameln; Bad Pyrmont; Bodenwerder; Holzminden; Reinhardshagen; Kassel; Niedenstein; Frielendorf

Treffs: Kassel: Hotel Roter Kater, Fuldatalstraße 362/364; Februar – November, an Sonntagen vor dem Hotelparkplatz. Bikerinnen treffen sich jeden ersten Donnerstag im Monat um 19:30 Uhr im Brauhaus Wolpertinger, Hafenstraße 54

Sehenswürdigkeiten:
Bremen: Rathaus, Roland, Dom St. Petri mit Bleikeller, Schnorrviertel in der östlichen Altstadt; **Verden:** Deutsches Pferdemuseum, Sachsenhain mit Findlingen; **Minden:** Altes Rathaus mit Laubengang, Altstadt mit Hanse-Haus, Mittellandkanal mit Kanalbrücke und Schachtschleuse; **Bückeburg:** Wasserschloss, Hubschraubermuseum; **Hameln:** Rattenfängerhaus; **Bodenwerder:** Münchhausenbrunnen; **Kassel:** Brüder-Grimm-Museum im Schloss Bellevue; **Steinau:** Schloss Steinau mit Brüder-Grimm-Museum

18 Kurvenreiche Fluss-Erfahrung

Die Mosel – eine deutsch-französische Erfolgsgeschichte

Bereits die Kelten verehrten sie, römische Dichter setzten ihr sogar literarische Denkmäler. Heute ist sie nach Gevatter Rhein die zweitwichtigste Schifffahrtsstraße Deutschlands und prägt auf ihrer gesamten Länge immerhin drei Länder Europas mit oft einzigartigen Landschaften – ganz besonders auch im deutschen Teil des Flusses, wo uns von der Luxemburger Grenze bis nach Koblenz zwischen Eifel und Hunsrück ein Genuss für alle Sinne erwartet.

Mit 483 Hexametern beschrieb der römische Dichter Decimius Magnus Ausonius seine Reise an die Mosel und setzte dem Fluss damit bereits im 4. Jahrhundert ein episches Denkmal. Ungeachtet dessen gestatten Sie mir bitte, dieses Kapitel im »erzählenden Stil« zu verfassen – obwohl so mancher Abschnitt unserer Reise entlang der Mosel zu epischen Schwärmereien verleiten könnte.

Abstecher ins Rebenland

Im Winzerdorf Schengen im Drei-Länder-Eck Frankreich–Luxemburg–Deutschland beginnt der Abschnitt dieser Reise. Das Dorf hieß übrigens bis vor einigen Jahren noch Remerschen, benannte sich aber nach dem hier am 3. September 2006 unterzeichneten Schengener Abkommen flugs in Schengen um, dem Synonym für ein Europa mit

offenen Grenzen. Ob es dem Ort touristisch etwas gebracht hat?

Auf den nun folgenden gut 40 Kilometern bildet die Mosel den Grenzfluss zwischen Luxemburg und Deutschland, formt die Westgrenze des Saarlands. Herrlich kurvenreiche Straßen führen uns direkt am Fluss entlang und erlauben immer wieder einmal Abstecher hinüber zu unseren Nachbarn. Und das nicht nur der sehr günstigen Benzinpreise wegen – sonnenverwöhnte Rebenhänge reizen wohl jeden zu Abstechern auf die frei zugänglichen Güterwege in die Weinberge hinauf. Das Wendemanöver am Ende der Wege mag zwar ab und an recht schweißtreibend sein, die Ausblicke auf die Pracht des Moseltals entschädigen aber für alle Mühen.

Wasserbillig, Oberbillig und Wasserbilligerbrück – drei hübsche Winzerorte drapieren sich um die imposante Mündung der Sauer in die Mosel. Und die ist inzwischen zu einem mächtig breiten Fluss angeschwollen, der sich als wichtige Schifffahrtsstraße gen Norden wälzt. Pralle 2000 Jahre Geschichte hat Trier, die älteste Stadt Deutschlands, bereits auf dem Buckel. Und lockt mit sehenswerten historischen Schätzen, die wir in einem Rundgang erkunden können. Zumal sich die meisten fußläufig rund um Korn- und Hauptmarkt drapieren.

Sonne satt fürs Dornröschen der Mosel

20 gewaltige Naturschleifen hat die Mosel auf ihrem Weg zum Rhein in die sonnenverwöhntesten Weinlagen von Rheinland-Pfalz gefräst. An beiden Moselufern steigen die Rebenhänge z. T. atemberaubend steil gen Himmel, Riesling, Müller-Thurgau, Silvaner, Kerner, Weißer-, Grau-, Früh-

Wein so weit das Auge reicht: Rund um Bernkastel-Kues liegen zahlreiche prämierte Weinlagen an ausgesuchten Hängen.

Viele der Pisten durch die Weinberge sind frei befahrbar – zumindest außerhalb der Weinlese. Gönnen Sie sich einige davon.

und Spätburgunder und wie sie alle heißen, saugen in oftmals perfektem Winkel jeden Sonnenstrahl auf.

Auch wenn die Beschilderung der Moselweinstraße alles andere als durchgängig ist, so bietet diese Themenstraße doch die perfekte Basis für den zweiten Abschnitt unserer Reise. Zwischen rechtem und linkem Flussufer wechselnd, zeichnet sie dessen kurvenreichen Verlauf fast metergenau nach und bietet damit uns Motorradfahrern herrliche Möglichkeiten für eine Portion Schräglage. Fähr- und Ausflugsdampfer schippern allerorten über den träge strömenden Fluss, dessen Uferstraßen im Sommer allerdings auch Ziel ungezählter Kaffeefahrten sind. Dementsprechend voll geht es dann entlang der weltberühmten Mosel-Perlen, wie z. B. Beilstein, zu. »Dornröschen der Mosel« nennt sich das beschauliche Winzerörtchen, und reich bestückt mit prächtig restauriertem Fachwerk lockt das Städtchen jeden Reisenden für einen Abstecher per pedes in die engen, verwinkelten Gassen. Es lohnt sich – auch wir vertreten uns ausgiebig die Beine und gönnen uns einen Einkehrschwung im Wirtshaus »Alte Stadtmauer«.

Immer wieder hoch hinaus

Auch im letzten Teil der Reise suchen wir uns Abstecher hinauf in die Weinberge. Einen gar prächtigen Überblick über die Schönheit der Moselregion bietet zudem Burg Thurant hoch über dem Winzerort Alken. Jahrhundertelang zwei Herren dienend – den Erzbistümern von Köln und Trier –, wurde sie als Doppelburg mit zwei Bergfrieden sowie Wohn- und Wirtschaftsgebäuden jeweils in doppelter Anzahl ausgebaut. Kurz vor dem endgültigen Verfall erwarb sie zu Beginn des 20. Jahrhunderts ein Privatmann, restaurierte einen Teil der Gemäuer und bietet heute Besichtigungen an.

Tja, und am Deutschen Eck in Koblenz, zu Füßen der mächtigen Festung Ehrenbreitstein, mündet »unsere« Mosel dann in den Rhein, verliert nach insgesamt 544 Kilometern ihre Identität. Hier endet auch unsere Tour – eine Flussreise, so gänzlich anders als herkömmliche Motorradtouren. Eine Reise weniger hoch hinaus, doch nicht minder reich an Höhepunkten!

Selbst mit schweren bajuwarischen Reise-Boliden können die Pisten in den Weinbergen der Mosel gefahrlos erkundet werden.

Mehltau ist Winzers ärgster Feind und befällt Rosen deutlich früher, als den Wein. So bleibt dem Winzer Zeit zu reagieren.

Informationen

Streckenverlauf: Col de Bussang/Vogesen – Remiremont – Epinal – Charmes – Nancy – Pont-a-Mousson – Metz – Thionville – Schengen – Grenze F/D – Remich (L) – Palzem – Wormeldange (L) – Machtum (L) – Temmels – Wasserbilligerbrück – Konz – Trier – Mehring – Trittenheim – Wintrich – Müllheim an der Mosel – Bernkastel-Kues – Kröv – Traben-Trarbach – Zell – Beilstein – Cochem – Koblenz

Streckenlänge:
560 km, deutscher Anteil: 290 km

Ausgangs- und Endpunkt:
Schengen und Koblenz

Anfahrt zum Ausgangspunkt:
A 6/A 8 Mannheim–Saarbrücken Richtung Saarlouis bis Ausfahrt Schengen
Anreise zur Moselquelle: A 5 Offenburg–Freiburg zur französischen Grenze und über die D 39 nach Mulhouse, dann N 66 weiter bis Bussang
Zur Moselmündung: Von Norden A 3/A 48 über Köln nach Koblenz, von Osten und Süden A 3 Nürnberg–Frankfurt und A 48 nach Koblenz

Übernachtungen:
Trier: Hotel Aulmann,
www.hotel-aulmann.de
Koblenz: Hotel Haus Morjan,
www.hotel-morjan.de

Campingplätze: Family Camping in Mesenich an der Mosel,
www.familycamping.de

Sehenswürdigkeiten:
Trier (www.trier.de); Bernkastel-Kues (www.bernkastel-kues.de); Ediger-Eller, idyllischer Winzerort (www.ediger-

eller.de); Beilstein mit Burgruine (www.beilstein-mosel.de); Cochem mit Fachwerk-Giebelhäusern (www.cochem.de); Koblenz am Zusammenfluss von Rhein und Mosel (www.koblenz.de)

544 km Flussgeschichten
Obwohl wir uns in diesem Buch nur deutschen Motorradgenüssen widmen wollen, sei Ihnen eine Reise entlang der gesamten Mosel ans Biker-Herz gelegt. Sie beginnt am Col de Bussang tief in den französischen Vogesen mit der Source de la Moselle, führt weiter über Epinal und Nancy nach Metz und zwischen Schengen und Trier zur Grenze zwischen dem Saarland und Luxemburg. Nehmen Sie sich eine Woche Zeit dafür, und genießen Sie eine unvergessliche Reise entlang dieses herrlichen Flusses.

Fachwerkfassade in Ediger Eller

19 Wein gibt's nicht nur am Rhein

Mit einer Royal Enfield durchs Ahrtal und in die Eifel

Diese Reisegeschichte handelt von zwei Helden: dem Ahrtal am Rand der Eifel und einer Royal Enfield Classic aus dem indischen Madras. Wobei das Ahrtal zwar nicht die Exotik des Motorrads erreicht, aber mit seinen steilen Weinbergen, flotten Straßen und netten Dörfern durchaus einen intensiven Ausflug wert ist. Diese Geschichte entstand vor dem katastrophalen Hochwasser im Juli 2021. Seitdem ist an der Ahr nichts mehr wie es war. Aber der Wiederaufbau ist dank Tausenden von Helfern in vollem Gang.

Der Amazonas entspringt aus einem Gletscher in den Anden Perus, der Nil in den Bergen Burundis und der Jangtsekiang im tibetischen Himalaja. Die Ahr entspringt in einem Haus. Das hat gleich mehrere Vorteile: Die Quelle wird bei Regen nicht nass, und sie lässt sich einfach mit dem Motorrad erreichen. Aus dem Erdgeschoss eines Blankenheimer Fachwerkhauses von 1726 plätschert das Rinnsal und nimmt entlang des kopfsteingepflasterten Platzes bedächtig Fahrt auf. Folgen wir dem Fluss bis zum Rhein.

Sauber geteert, gleichmäßige Kurven, stetig bergan
Im weiten Tal ist von der Ahr zunächst nichts zu sehen, sie versteckt sich irgendwo zwischen Wiesen und monotonem Fichtenwald. Langsam mausert sie sich zum Fluss,

aber wirklich sehenswert ist hier noch nichts. Kein Problem, schließlich gibt es immer wieder kleine Straßen, die das Tal verlassen und hinauf in die Eifel kurven.

In Antweiler biegt eins dieser Exemplare ab, sauber geteert, gleichmäßige Kurven und Kehren, stetig bergan. Perfekt für die Enfield, dank schmaler Reifen enorm handlich, dank ordentlicher Schwungmasse zieht sie überraschend kräftig aus dem Drehzahlkeller, begleitet von einem Sound, der süchtig macht. Passanten, die akustisch prägnanten Motorrädern selten wohlwollend begegnen, reagieren beim Anblick der Enfield völlig anders, oft mit anerkennendem Grinsen und hochgerecktem Daumen. Der vermeintliche Oldtimer hat einen mächtigen Bonus.

Im kleinen Ort Rodder erreichen wir die Hochfläche der Eifel mit einer grenzenlosen Aussicht. Deutlich sind die vielen Vulkane zu erkennen, die maßgeblich an der Gestaltung der Eifel beteiligt waren. Kaum zehn Kilometer entfernt ragen die Hohe Acht, mit 747 Metern der Höchste aller Eifelberge, und die Nürburg, um die sich die berühmteste aller Rennstrecken windet, in den blassblauen Sommerhimmel.

Eine der schönsten Eifelstraßen hangelt sich von Rodder nach Reifferscheid und dann als kaum handtuchbreiter rumpeliger Weg hinunter zur Ahr und wieder berghoch zum Aremberg. Solche Wege, wovon es erstaunlich viele gibt, machen den Reiz dieser Gegend aus, weit entfernt von den besonders an Wochenenden nervigen Nürburgring-Einflugschneisen.

Pause im Café Ahrwind, einem der vielen Motorradtreffpunkte der Eifel, vom Hochwasser komplett zerstört, aber schon seit Herbst 2021 wieder in Betrieb. Wer Enfield fährt, braucht länger – nicht nur zum Fahren, erst recht für die Pausen. Der indische Anachronismus wird sofort umlagert, die Statements der Neugierigen reichen von »Toll restau-

Einige feine Straßen wie dieses Exemplar bei Dernau verlassen das Ahrtal und kurven hinauf in die Eifel.

Mit einer indischen Royal Enfield über die winzigen Nebenstraßen der Eifel zu kreuzen, bedeutet Entschleunigung pur.

riert« und »Wie prähistorisch ist die denn?« bis »Wo gibt's denn so was?«. Immun gegen die Sympathie-Aura der Enfield sind anscheinend nur zwei Fahrer-Spezies: Tiefflieger und Chopper-Piloten.

Rendezvous mit Bacchus

Pause vorbei, nun ist es an der Ahr, endlich aufzutrumpfen. Vorbei am Fachwerkort Altenahr geht es hinein ins enge Mittelahrtal, das von der Flut fast komplett zerstört wurde. Hoch über Altenahr thront die Burg Are, oder vielmehr der Rest von dem, was Truppen des Kölner Erzbischofs vor 300 Jahren in die Luft gejagt haben. Burgenschicksal.

Das Ahrtal lebt vom Wein, die steilen Südhänge sind übersät mit Weinbergen, angelegt in streng geometrischen Mustern. Inzwischen gedeihen hier zumeist exzellente und teure Rotweine. Das war nicht immer so. In den 1960er- und 1970er-Jahren verkam das Ahrtal zum Kegelclub-Mekka. Nach dem Motto »Wer an der Ahr war und weiß, dass er da war, war nicht an der Ahr« suchte so mancher Zecher sein Rendezvous mit Bacchus, dem griechischen Gott für Wein und Rausch.

Wir rauschen vorbei an der alten Ahrbrücke in Rech, die einzige, die das große Hochwasser von 1910 überlebt hat, aber wie die meisten Ahrbrücken vom Hochwasser 2021 zerstört wurde. Sie alle werden wieder aufgebaut. Über ein Gewirr kleiner Wirtschaftswege navigiere ich zwischen den Reben hindurch, staune über die tollen Blicke ins Tal und über das Wohlwollen der Spaziergänger. Dem Oldtimer gesteht man solcherart Frevel offenbar zu, kein Mensch regt sich auf. Die Enfield verbreitet ein gutes Karma.

Fast hat es die Ahr geschafft, dümpelt vorbei an der prächtigen Altstadt von Ahrweiler hinaus in das seichte untere Ahrtal, bevor sie bei Sinzig im Rhein verschwindet. Die Mündung versteckt sich im Schilfdickicht des Naturschutzgebiets, unerreichbar selbst für die Enfield. Am Rheinufer drehe ich den Zündschlüssel um, leise knisternd beruhigt sich der rustikale Motor. Täusche ich mich, oder schielt die Enfield über den großen Fluss, träumt von einer Fahrt bis zur Quelle in den Schweizer Alpen? Gern! Und wenn das klappt, ruft sicher der Amazonas ...

Bad Bodendorf zählt mit seinem alten Ortskern zu den schönsten Dörfern im Ahrtal.

Die kleinen und verschlungenen Nebenstraßen beiderseits des Ahrtals sind das ideale Revier für die handliche Enfield.

Informationen

Streckenverlauf: Blankenheim – Ahrhütte – Üxheim – Müsch – Antweiler – Rodder – Fuchshofen – Schuld – Dümplefeld – Lierstal – Kirchsahr – Ahrbrück – Altenahr – Ahrweiler – Sinzig – Ramersbach – Kesseling – Nürburgring – Adenau

Streckenlänge: Ca. 200 km

Ausgangspunkt: Blankenheim

Endpunkt: Ahrmündung, Rhein bei Sinzig

Anfahrt zum Ausgangspunkt:
Von Norden und Westen über Köln und Bonn, vom Süden über die A 61 bis Bad Neuenahr

Übernachtungen/Campingplätze:
Beim Jahrhundert-Hochwasser im Juli 2021 wurden die meisten Campingplätze und einige Hotels und Cafés im Ahrtal zerstört. Welcher Platz wieder aufgebaut wird, und welches Hotel wieder Gäste empfängt, erfährt man am besten im Internet. Ansonsten gilt:
Vom einfachen Gasthof bis zum Fünf-Sterne-Hotel ist alles zu haben. Das größte Angebot stellen private Pensionen und Gasthäuser. Am üppigsten ist die Lage im unteren Ahrtal zwischen Altenahr und Sinzig und rund um den Nürburgring. Im Ahrtal kann es zu den Weinwochen im September und Oktober eng werden, am Nürburgring während der großen Veranstaltungen.

Treffs: Café Fahrtwind in Hönningen an der B 257; Café Waldfrieden bei Schuld; Breidscheid am Nürburgring und das Café Steinerberghaus bei Kesseling

Sehenswürdigkeiten: Schöne Orte mit historischen Fachwerkhäusern sind Blankenheim, Adenau, Altenahr, Ahrweiler und Bad Bodendorf. Hier lohnen entspannte Spaziergängen zwischen den alten Bauten. Einige Burgen im Ahrtal können besichtigt werden. Wer besonders auf Burgen abfährt, wird am nahen Rhein fündig. Interessante Einblicke ermöglicht der ehemalige Regierungsbunker Marienthal tief in den Bergen bei Ahrweiler. Die Hauptattraktion der Region ist der Nürburgring (www.nuerburgring.de). An Wochenenden, wo Großveranstaltungen am Ring sind, meidet man besser die Hauptzufahrtstraßen dorthin.

20 Durchs Bergische Land

Ins Lieblingsrevier der Kölner, Düsseldorfer und Wuppertaler Biker

Es ist jedes Jahr das Gleiche: Die Saison wird viel zu früh vom nahenden Winter verschluckt. Da gilt es, die letzten schönen Herbsttage zur finalen Runde zu nutzen, die Melancholie der bunten Wälder zu spüren und den Motorrädern einfach noch etwas Auslauf zu gönnen. Für Rheinländer ist dabei das Bergische Land die erste Wahl, eine feingliedrige und dicht besiedelte Region zwischen Rhein und Sauerland, die mit zahllosen wunderbaren Strecken und sehenswerten Orten lockt.

Geht es euch nicht auch so? Fühlt sich das Ende der Motorrad-Saison nicht jedes Jahr überraschend an? Wir wollten noch so viele Touren fahren, aber plötzlich fallen die Blätter, der Winter droht, und es bleibt vielleicht nur noch dieses eine sonnige und lauwarme Wochenende zur letzten Runde. Die Natur bäumt sich noch mal mächtig auf, schüttet die schönsten Farben des Jahres über die Wälder, bevor die sich in Depri-Grau-Braun verwandeln und in winterliche Lethargie verfallen. Also los!

Sonne in Herrjotts Pisspöttche? Doch, soll's geben!
Wobei eine Tour um diese Jahreszeit schnell zum Vabanque-Spiel werden kann. Hält das Wetter, oder nicht? Die Vorhersage hilft uns heute kaum weiter, verspricht zähen Nebel und sonnige Abschnitte. Da gilt es flexibel zu sein, sich alle Optionen offenzuhalten.

Als wir Köln verlassen, schiebt sich die Sonne gerade über den Horizont. Dumm nur, dass sie ein paar Kilometer später schon wieder untergeht. Dichter Nebel, kalt und nass.

Wir stochern durch die graue Suppe nordostwärts, hoffen, dass sich die Hügel des Bergischen Lands in der Herbstsonne räkeln. Sonne im Bergischen? Doch, so etwas soll es tatsächlich geben. Obwohl dieser Landstrich zu den regenreichsten Regionen des Landes zählt und nicht umsonst den Kosenamen »Herrjotts Pisspöttche« trägt.

Wir schleichen durchs Tal der Wupper, die finsteren Fichten sehen aus wie Riesen aus Mordors Reich. Schieferverkleidete Häuser huschen vorbei, dann die mächtige uralte Burg Berg. Hier lebte vor 850 Jahren Graf von Berg, Namenspatron für das Bergische Land.

Endlich – ein Hoffnungsschimmer! Die Farbe des trostlosen Graus wird etwas heller, tendiert dann zum leichten Gelbstich, der sich schnell verstärkt – und zack: Der Vorhang öffnet sich und spuckt uns hinaus in eine gänzlich andere Welt. Eine Welt voller Licht und Farben. Na also!

Durchs Dhünntal zum Baukloh

Die nassen Jacken dampfen in der Sonne, als wir an der Bever-Talsperre die Motoren abstellen und Wärme und Licht genießen. Kaum irgendwo anders gibt es so viele Talsperren wie zwischen Bergischem Land und Sauerland. Viele wurden schon im 19. Jahrhundert angelegt, um den Wasserbedarf der boomenden Industrie zu decken. Heute dienen sie vor allem als Trinkwasserreservoir und dem sommerlichen Freizeitvergnügen.

Wir hangeln uns von See zu See, meiden die nervigen Hauptstraßen und staunen lieber auf kleinen Wegen über den kunterbunten Farbencocktail von Eichen, Buchen und Birken, wirbeln durch dichte Laubteppiche und schnuppern den herrlich modrigen Herbstgeruch. Bis wir ins Negertal

Im Bergischen findet man sogar noch kurze, nicht asphaltierte Wege zwischen den Höfen.

Warmes Licht, tolle Farben, kaum Verkehr:
Die letzte Herbsttour schärft die Sinne.

nach Unterneger und Oberneger kommen. Hoppla, in Zeiten wo Mohrenköpfe zu Schaumküssen werden, müsste dann nicht auch Oberneger antirassistisch korrekt umbenannt werden? Dabei ist das Negertal – die Herkunft des Namens liegt im Vorgermanischen verborgen – längst nicht der einzige kuriose Ortsname im Bergischen. Wir kreieren folgendes Worträtsel: Die Unterommer aus Windfus plant einen Anschlag auf den Oberneger, der durch seinen Halbhusten arg geschwächt ist, trotzdem Zweiffel hegt, Husten bekommt und auf seinem Dohrgaul durchs Dhünntal zum Baukloh flüchtet. Wie viele Ortsnamen verstecken sich in diesem Satz? Zehn.

Eine Region wie eine Modellbahnlandschaft

Erstaunlich viele kleinste Straßen mäandern zwischen den Hügeln. Dabei ist das Bergische arg zersiedelt, trotzdem äußerst abwechslungsreich, viele winzige Orte und einzelne Höfe – traditionell als schwarz-weißes Fachwerk oder mit Schiefer verkleidet, weiße Fensterrahmen und grüne hölzerne Fensterläden –, Laub- und Nadelwälder, Wiesen, Äcker, alles in kleine Parzellen aufgeteilt. Manchmal wirkt diese Region wie eine Modellbahnlandschaft.

Dumm nur, dass die Tage Anfang November so schrecklich kurz sind. Die Täler füllen sich schon wieder mit feinen weißen Schleiern, und die Sonne bohrt sich gerade in die Tiefebene hinter Köln. Die Aussicht nach Westen von den Höhen des Bergischen ist grandios. Trotzdem, zum Träumen bleibt keine Zeit. Ab nach Hause.

Aber das Déjà-vu-Erlebnis lauert schon hinter der übernächsten Kurve. Wir haben das Rheintal noch gar nicht erreicht, als uns dieser fiese fette Nebel wieder verschluckt – was uns hier und heute aber ziemlich schnuppe ist: Es war ein traumhafter Tag, sicher die letzte wirklich gute Runde des Jahres! An den nahenden Winter mag noch keiner denken, dafür hatten wir heute einfach zu viel Spaß. Und nur das zählt.

Oben: So sehen die typischen Schiefer verkleideten Häuser aus, hier in Burg.

Mitte: Tradition im Bergischen Land sind die Waffeln mit Kirschen und Sahne.

Unten: Entlang der Nebenstraßen überrascht das Bergische mit Kleinoden wie dem Schloss Gimborn.

Endlich vertreibt die Sonne die letzten Nebelschwaden über dem Wasser der Lister-Talsperre.

Informationen

Streckenverlauf: Köln – Bergisch Gladbach – Wermelskirchen – Hückeswagen – Grüne – Anschlag – Kierspe – Plettenberg – Attendorn – Olpe – Husten – Halbhusten – Wiehl – Muh – Overath – Lindlar – Kürten – Köln

Streckenlänge:
Ca. 250 km

Ausgangs- und Endpunkt:
Köln

Anfahrt zum Ausgangspunkt:
Von Westen am schnellsten über A 4 und A 1. Von Norden über die A 1, von Süden über A 3 und A 4 und von Osten über A 1, A 4 oder A 45

Übernachtungen:
Vom einfachen Gasthof bis zum Fünf-Sterne-Hotel ist alles zu haben. Das größte Angebot stellen private Pensionen und Gasthäuser. Selbst in der Hochsaison ist die spontane Zimmersuche meist unproblematisch.

Campingplätze: In Hückeswagen, Solingen, Lindlar, Wiehl, Gummersbach, Meinerzhagen, Drolshagen, Attendorn, Ennepetal, Sundern und am Biggesee

Treffs: Die beliebtesten sind Café Hubraum, Landgasthaus Fuchs, Futterkrippe Schönenberg, Bikers Ranch und der Imbiss am Biggesee.

Sehenswürdigkeiten: Viele Orte im Bergischen sind eher langweilig, aber viele auch richtig schön mit uralten Fachwerkhäusern, schmalen Gassen und netten Cafés. Die schönsten Orte sind: Hückeswagen, Lennep, Bergneustadt, Wipperfürth und Nümbrecht.

Ebenfalls sehenswert sind die Talsperren, kleine, oft versteckt liegende Burgen und Schlösser und die berühmte Müngstener Eisenbahnbrücke (19. Jh.).

21 Verbotenes Land

Rund um Paderborn, durch die Senne und Ostwestfalen

Ostwestfalen zählt nicht gerade zu den »Top Ten« unter den heimischen Reisezielen. Dabei hat die Provinz tolle Straßen im Teutoburger Wald, bildschöne alte Orte mit schwarz-weißen Fachwerkhäusern, mächtige Schlösser und das Hermannsdenkmal zu bieten. Etwas Besonderes ist die Senne, eine Landschaft, die sich seit 120 Jahren kaum verändert hat. Doch hier üben noch immer deutsche und britische Soldaten den Krieg, weshalb das Gebiet des Truppenübungsplatzes nur hin und wieder an Wochenenden geöffnet ist.

Wir schreiben das Jahr 2020. Ganz Deutschland ist ein freies Land. Ganz Deutschland? Nicht ganz, denn noch immer existieren besetzte Gebiete, militärische Sperrzonen, wo der Zugang für Zivilisten – wenn überhaupt – nur selten möglich ist. Die Senne ist einer dieser Truppenübungsplätze, ein 120 Quadratkilometer großes Areal am Fuß des Teutoburger Walds, wo schon die kaiserliche Armee seit 1888 den Krieg übte. 1945 besetzten die Briten die Senne und nutzen sie seitdem als Übungsplatz für ihre Rheinarmee. Auch die Bundeswehr darf hier trainieren. Nur an manchen Wochenenden öffnen die Briten die Schranken, erlauben auch dem Motorradfahrer einen flüchtigen Blick in die unbesiedelte Landschaft, die noch fast so aussieht wie im 19. Jahrhundert.

Kleines Abenteuer, spannende Zeitreise

Wir nutzen eine dieser Chancen, um mit unseren Enduros über das Kopfsteinpflaster alter Alleen in die Senne zu fahren. Nördlich von Schloss Neuhaus beginnt das kleine Abenteuer, eine spannende Zeitreise. Große bunte Schilder warnen davor, anzuhalten oder gar die Straße zu verlassen, es könnte scharf geschossen werden. Die realen Gefahren für uns lauern indes direkt unter den Stollenreifen: Der nächtliche Regen hat dem Pflaster seinen Grip genommen, mit kaum 50 Sachen rumpeln wir voran. Schön, dass es solche Straßen hierzulande noch gibt.

Hohes gelbes Gras, das niemals gemäht wird, wechselt sich ab mit Heidebüscheln und braunen Farnen, knorrige Kiefern wachsen bestens auf dem sandigen Boden, den die letzte Eiszeit hinterlassen hat. Weit und breit ist kein Handymast, keine Hochspannungsleitung und kein Windrad zu sehen. Die seltenen blechernen Wegweiser sind klein und schwarz, entsprechen so gar nicht der deutschen Norm. Große gelbe Schilder weisen auf gesperrte Nebenstraßen nach Mandalay, Camp 5 oder Hannover Barracks, allesamt militärische Ziele, für Zivilisten verboten.

Wir erleben eine merkwürdige Zeitreise durch eine ganz eigene Welt. Allerdings – und das ist der unschätzbare Vorteil der langen Abschottung – würde dieses Biotop längst nicht mehr existieren, hätte es sich genauso entwickelt wie der Rest des Landes. So gilt die Senne als der wertvollste ursprüngliche Naturraum in NRW, und viele Anwohner träumen von einem künftigen Nationalpark. Der aber ist so gar nicht im Sinn des Militärs, das hier noch bis 2040 Krieg spielen will.

Ruhig, unaufgeregt, idyllisch

Vor Augustdorf endet das Pflaster, wir verlassen den Truppenübungsplatz und biegen ab zum Hermannsdenkmal, dem Touristenmagnet der Region. Das 53 Meter hohe Monument erinnert an den Cheruskerfürst Arminius, der im Jahr 9 die Römer unter Varus vernichtend schlug. Die ließen fortan ihre Finger von Germanien und überqueren den Rhein nie wieder ostwärts – zu gefährlich.

Der Teutoburger Wald geht eher als unspektakuläres Mittelgebirge durch. Jenseits des »Teutos«, wie ihn die Einheimischen nennen, schleppt sich das platte Land bis zur Nordsee. Wir schlagen die andere Richtung ein, erreichen das Eggegebirge. Eine kleine, fast verkehrsfreie Straße schlängelt sich durchs Tal. Ostwestfälische Provinz, ruhig, unaufgeregt, idyllisch.

Ende Oktober glühen die Laubwälder Ostwestfalens im Licht des »Indian Summer«.

Vielleicht ist der Herbst die emotionalste Zeit, es könnte schließlich die letzte jährliche Tour sein.

Die engen Täler der Egge weichen allmählich den weiten Wiesen und Äckern der Paderborner Hochfläche. Der Wind ist hier meist zügig unterwegs, und Hunderte von Windrädern wandeln die schnelle Luft in sauberen Strom um. Warburg, auf halbem Weg zwischen Paderborn und Kassel, hatte das Glück, den Zweiten Weltkrieg fast unbeschadet zu überstehen. Warburg ist einfach sehenswert, protzt mit einem Ensemble bilderbuchschöner Fachwerkhäuser, viele sind über 500 Jahre alt. Wir parken die Motorräder auf dem Marktplatz, laufen uns auf grob gepflasterten Gassen die kalten Füßen warm und staunen über die Baukunst des späten Mittelalters.

Nicht viel anders sah es auch vor 75 Jahren in Paderborn aus, aber der Bombenhagel der Alliierten ließ von der Altstadt nicht viel übrig. Lediglich rund ums Paderquellgebiet unterhalb des Doms finden wir schöne alte Bauten wie das Adam-und-Eva-Haus von 1560.

Noch dreimal abbiegen, und wir sind wieder in der Senne. Oder besser gesagt, vor der geschlossenen Schranke. Es ist Sonntagabend. Hier und jetzt endet die Freiheit zu fahren, wohin wir wollen. Die Senne ist wieder dicht, und frühestens am kommenden Wochenende gewähren die Briten eine neue Chance, das besetzte Land zu erkunden. Was für ein Anachronismus im Jahr 2020.

Oben: Auf der Paderborner Hochfläche wird in großem Stil Wind geerntet. Die Region zählt zu den windigsten im Land.

Unten: In der Altstadt von Paderborn gibt es noch ein paar schöne Fachwerkhäuser

Informationen

Streckenverlauf: Paderborn – Schloss-Neuhaus – durch die Senne – Augustdorf – Detmold – Berlebeck – Horn-Bad Meinberg – Altenbeken – Bad Driburg – Willebadessen – Warburg – Marsberg – Wünnenberg – Paderborn

Streckenlänge: Mindestens 250 km, je nach Abstechern kommen beliebig viele Kilometer dazu

Ausgangs- und Endpunkt: Paderborn

Anfahrt zum Ausgangspunkt: Von Westen am schnellsten über A 44 und A 33. Von Norden über A 2 und A 33, von Süden und Osten über A 44 und A 33. Genussvoller geht es natürlich über Landstraßen ins Zielgebiet.

Übernachtungen: Hotels und Pensionen gibt es in großer Auswahl in jeglicher Kategorie. In Paderborn kann es lediglich zum sommerlichen Libori-Fest eng werden. Das Internet hilft bei der Zimmersuche vorab, aber auch spontan ist die Suche meist problemlos.

Campingplätze: In Kalletal, Versmold, Stauterrassen/Schloss-Neuhaus, Lemgo, Schloss-Holte, Bielefeld, Barntrup, Bad Driburg und Warburg

Treffs: Köterberg bei Lügde; Café Die Kurve im Extertal; Sachsenklause Bad Driburg; Bikercafé am Diemelsee; Ahlbrock-Café Brake

Streckensperrungen: Der Truppenübungsplatz Senne ist nur an wenigen Wochenenden im Jahr geöffnet – Infos unter www.augustdorf.de.

Sehenswürdigkeiten: Die Senne; das Schloss in Schloss-Neuhaus; Paderquellgebiet Paderborn; Hermannsdenkmal; Altstadt von Warburg; Denkmal-Dampflok 44 389 in Altenbeken; Eisenbahn-Viadukt in Altenbeken; Adlerwarte Berlebeck. Die Durchgangsstraßen auf dem Truppenübungsplatz Senne sind nur an wenigen Wochenenden im Jahr geöffnet. Detaillierte Infos unter www.augustdorf.de

22 Lügengeschichten an der Weser

Flüssige Kurven zwischen Leine, Weser und Teutoburger Wald

Norddeutschlands beliebtestes Tourenrevier liegt an der Weser: Zwischen Leine, Extertal und Teutoburger Wald führen unzählige Straßen durch die Mittelgebirgslandschaft. Biker sind überall willkommen, und es gibt zahlreiche motorradfreundliche Cafés und Unterkünfte. Im Weserbergland bleibt man von Autobahnen und Schwerlastverkehr verschont und kann stattdessen Aussichtspunkte und Natursehenswürdigkeiten im Wesertal genießen, in dem der Fluss seine typischen Spuren hinterlassen hat.

Wer an der Leine startet, kann vom neuen PS.Speicher in Einbeck oder vom UNESCO-geschützten Fagus Werk in Alfeld aufbrechen. Abgeschiedener geht es im benachbarten Solling zu, der sich als waldige Hochebene östlich der Weser ausbreitet. Vielerorts an der Weser, besonders aber im Solling trifft man auf den typischen rötlichen Sandstein, aus dem Klöster und Schlösser, aber auch einfache Häuser gebaut sind.

Über die Motorradstrecke über den »Roten Fuchs« gelangen wir zu Günter Dischereits Motorradmuseum in Wickensen; meist NSU-Motorräder sind hier in geschmackvoll arrangierten Szenen zu finden.

Rund um Apfel und Kirsche

Wer möchte, kann sich von Eschershausen in zwei Haarnadelkurven zu den Kletterfelsen des Ith-Kamms hinaufschrauben; alternativ führt der Weg durch Apfel-Allen auf einer Nebenstrecke nach Bodenwerder. Die knallroten Früchtchen wandern kiloweise in eine Motorradtasche, bevor wir zum ersten Mal an die Weser gelangen. Kurs Süd auf dem hiesigen Weserufer führt uns rund um den Ebersnacken nach Rühle und in die danach benannte »Schweiz«. Es folgen obstbaumgesäumte Berg- und Talstraßen – Mitte April wird hier, direkt an der Straße, ein prächtiges Kirschblütenfest mit Obstweinausschank gefeiert. Nahe der Bundesstraße gibt's ein weiteres Kleinod:

die von dicken Mauern geschützte Abtei Amelungsborn, deren gotisch-romanische Klosteranlagen uns stark beeindrucken.

Die Nebenstrecke durchs Hooptal nach Stadtoldendorf ist derzeit noch einen Umweg wert. Demnächst wird sie aus Naturschutzgründen gesperrt. Sie beginnt im »roten Dorf« Negenborn und folgt einem kleinen Bachlauf und später einer Eisenbahn-Nebenstrecke. Wir entfernen uns weiter vom Weserfluss und treffen erst ab Dassel auf den stark bewaldeten Solling. Auch hier fühlt man sich als Biker wie im grünen Herz von Deutschland – von der Verkehrsdichte her wähnt man sich eher an den Außengrenzen Europas. Auf teilweise nur knapp zweispurigen Straßen rollen wir durch sumpfige Hochwälder bis zum Kurort Neuhaus im Hochsolling. Von hier aus kann man sternförmig auf kurvigen Sollingstraßen abfahren. Auf kleinen Straßen gelangt man so aus waldigem Geläuf wieder an das bei Würgassen steile Flussufer der Weser. Hier lockt an den Hannoverschen Klippen der »Weser Skywalk«, dessen Tief- und Weitblicke man sich nicht entgehen lassen sollte.

Willkommen in Hessen!

Ab Lippoldsberg bummeln wir am östlichen Weserufer nach Bursfelde zur Weserfähre von Hemeln, die mit dem dortigen Motorradtreff am Fährhaus den südlichsten Punkt der Runde markiert. Auf der anderen Weserseite steht der sagen-umwobene Reinhardswald mit der märchenhaften Sababurg. Wir cruisen auf der Buntsandsteinfläche durch Eichenplantagen und entlang des Sababurg-Tierparks. Später entdecken wir einen wahren Ur-Wald mit gefallenen Baumriesen. Tierstatuen an vielen Kreuzungen und einen (Märchen-)Wald, so weit das Auge reicht. Erst in den Gassen der nach

Windräder und Segelflugzeuge: mit der Benelli Leoncino auf den Ith-Wiesen

Weser-Skywalk bei Würgassen: Phänomenales 80-Meter-Sprungbrett ins Wesertal

barockem Muster geplanten und angelegten Hugenottenstadt Bad Karlshafen trifft man wieder auf den Weserfluss. Die Biker-Unterkunft »Villa Löwenherz« in Lauenförde gibt's bereits seit 1975.

Östlich der Weser leitet die wenig befahrene Straße zur altehrwürdigen Porzellanmanufaktur von Fürstenberg. Unterhalb der Lüchtringer Kurven liegen filmreif die ausgedehnten Ländereien des Schlosses und Klosters Corvey, eines UNESCO-Welterbes. Der bekannteste Motorradtreff der Region ist am 500 Meter hohen Köterberg – an guten Tagen treffen sich unter dem Köterbergturm Hunderte von Bikern. Alle Strecken im Umkreis sind daher eine Tummelwiese für Zweiradfahrer, und erst an der kaum ausgeschilderten Route zum Wilmeröder Berg genießen wir wieder Stille und Aussicht auf das Wesertal. Die letzte Fähre (19 Uhr!) in Polle bringt uns auf die andere Weserseite und zum Einkehrschwung in der Biker-Kneipe »Forstwirtschaft« bei Bevern bzw. zum Übernachten in den Niedrigenergiehäusern vom Bikerhaus in Lüttgenade.

Die wohl längste Serpentinenfolge der Weser

Am nächsten Morgen empfängt uns der Fährmann schon persönlich, dann geht es die wohl längste Serpentinenfolge an der Weser hinauf auf die Ottensteiner Hochebene: zwar nicht das Stilfser Joch, aber immerhin fast zwölf Spitzkehren! Auf der einsamen Hochfläche begeistern hier und da die Obstwiesen und die weiten Wesertal-Blicke, dann biegen wir wieder ab und fahren über kleinste Sträßchen nach Ovelgönne und zur neuen Weserbrücke in Hehlen. Auf Höhe der Weserfähre Grohnde könnte man einen Abstecher zu einem Bilderbuchschloss der Weserrenaissance, nach Hämelschenburg, machen.

Am Klüt oberhalb von Hameln kann man sich vom Aussichtsturm einen weiten Blick über die Fachwerkstadt verschaffen. Die Geschichte vom Rattenfänger von Hameln kennen Reisende und Kinder in der ganzen Welt. Deshalb führt die Deutsche Märchenstraße auch über Bodenwerder (Baron von Münchhausen) hierher. Kaum Routenempfehlungen braucht, wer hinüber ins Extertal fahren möchte: Über Bösingfeld gelangt man auf kleinen Sträßchen zum Motorradcafé »Kurve« in Kükenbruch oder weiter zum Hofgarten des Klosters Möllenbeck.

Rühler Schweiz: Schöne Kurven und
Obstwein-Verkostung im April

Informationen

JStreckenverlauf: PS.Speicher Einbeck – Freden – Fagus Werke Alfeld – Roter Fuchs – Wickensen – Rühler Schweiz – Kloster Amelungsborn – Dassel – Neuhaus – Boffzen – Fürstenberg – Wennefeld – Weser Skywalk – Sababurg (– Reinhardswald) – Hemeln (Fähre) – Gieselwerder – Bad Karlshafen – Lauenvörde – Kloster Corvey – Tonenburg – Köterberg – Wilmeröderberg/Heinsen – Polle (Lütgenade) – Brevörde – Ottensteiner Hochebene – Welsede – Hämelschenburg – Klütturm Hameln – Reine – Bösingfeld – Kükenbruch (»Kurve«) – Kloster Möllenbeck

Streckenlänge: 256 km

Ausgangspunkt: Alfeld/Einbeck

Endpunkt: Kloster Möllenbeck

Anfahrt zum Ausgangspunkt: Über Hannover, Paderborn oder Kassel auf Kreisstraßen an die Weser. Oder schneller über B 83, B 1 oder B 64

Übernachtungen:
Lütgenade: Motorradpension Bikerhaus, www.bikerhaus.de; Villa Löwenherz, www.villa-loewenherz.de
Hameln: Hotel Altstadtwiege, www.hotel-altstadtwiege.de

Campingplätze:
JDAV-Zeltplatz ITH (EPZI) Capellenhagen, www.jdav-nord.de/zeltplatz

Treffs:
Köterberg; Motorradcafé Kurve in Kükenbruch; Bistro & Bikertreff »Auf dem Ith«; Tonenburg; Weserfähre Hemeln; Günters Motorrad-Museum in Wickensen

Streckensperrungen: Langsam fahren am Lärmschwerpunkt L 550 (Lauenförde) und am Köterberg

Sehenswürdigkeiten:
Köterberg; PS.Speicher Einbeck; Motorrad-Museum Wickensen; Kloster Corvey; Sababurg; Reinhardswald; Fürstenberg; Naturpark Solling; Trendelburg; Hameln; Höxter; Hämelschenburg; Kloster Amelungsborn; Rühler Schweiz; Klütturm; Weser-Skywalk

Weserfähre bei Polle: Die Kurven zur Ottensteiner Hochebene nicht versäumen!

23 Ostalgischer Ostharz

Zwischen Dampfloks, Cowboys und Schierker Feuerstein

Wo sich Luchs und Wolf gute Nacht sagen – der Harz kämpfte lange Zeit mit einem etwas angestaubten Image. Doch in Gastronomie, Architektur und in der Tourismusbranche ist in den letzten Jahren viel passiert, und der einstige Motorrad- und Rodel-Treff Torfhaus ist kaum wiederzuerkennen: neue Indian-Summer-Holzhaus-Architektur, Deutschlands höchst gelegener Globetrotter-Shop und freundlich grüßende Nationalpark-Ranger. Nur der Parkplatz des sonntäglichen Motorradtreffs ist etwas geschrumpft.

Von Goslars Kaiserpfalz starten wir und fahren über Altenau und die Staumauer der Okertalsperre in den Oberharz. Vom Torfhaus offenbart sich ein grandioser Blick in den Osten des Harzes zum Brocken und zur Eckertalsperre. Auf den Brocken, den höchsten Berg des gesamten Gebirgszugs, ächzt die Harzer Schmalspurbahn (HSB) mit ihren über 100 Jahre alten Lokomotiven hinauf. Aus »Wessi«-Perspektive betrachtet, geht es drüben ostalgischer zu. Aber nur das trainierte Auge erkennt, wo die Zonengrenze einst verlief: Schilder, Grenzsteine und alte Kolonnenwege weisen manchmal darauf hin.

Dora-Gedenkstätte und historische Dampfloks

Trotz vieler Straßensperrungen bei der Einrichtung des Nationalparks Harz ist das Siebertal größtenteils befahrbar geblieben. Dort fahren wir entlang des Flusses und seiner frucht-

baren Auen hinunter an den Harzrand. Nahe dem Örtchen Gieboldehausen – bekannt wegen seines Globetrotter-Treffens – sprudelt die Karstquelle der Rhume. Dann rücken sofort wieder die Harz-Berge an den Horizont, wenn man Kurs auf Walkenried in ehemaliger Zonenrandlage nimmt.

Bei Nordhausen, am Ort der heutigen KZ-Gedenkstätte Dora Mittelbau, befand sich noch bis 1943 die Vergeltungs-Waffen-Produktion der Nazis: Häftlinge mussten die V1-und V2-Waffen-Produktion in den unterirdischen Stollen der Mittelwerk GmbH fortführen. Dabei starben in den letzten beiden Kriegsjahren über 20.000 Menschen. Die Dora-Gedenkstätte mit Dokumentationszentrum ist ein guter Ort, sich darüber zu informieren.

Wieder in den höheren Lagen des Ostharzes angekommen, kann man am Motorradtreff Netzkater-Ilfeld in Sichtweite des Rabensteiner Stollens einkehren. Ab und an donnern die Dampfloks der HSB (Harzer Schmalspurbahnen) mit mächtiger Rußfahne vorbei.

Wo Easy-Rider die Wildnis genießen

Auf den nahen Harzer Bergwiesen geht es beinahe bayerisch zu: Durch wogende Wälder führt die Route bis Rotheshütte, wo auf den Koppeln das Harzer Rotvieh weidet. Ein paar wundervolle Alleen-Kilometer weiter wähnt man sich erneut nicht unbedingt im Norden Deutschlands: Ziegenalm und Sophienhof liegen auf einer Hochebene mit ausgedehnten Weiden, wo auch Kirchtürme, Landschaft und Gebäude an den Alpenrand erinnern. Eher zufällig ist unsere Bekanntschaft mit »Pullman City 2«. Die Cowboys unter den Einwohnern von Hasselfelde werden ihren Spaß an der Westernstadt haben, und

Wieder vereinigt: Was genau im Harz passierte, kann man z. B. unter »www.grenzoeffnung-im-harz.de« nachlesen.

Wild-West im Ostharz: Unbeschrankter Bahnübergang mit Dampflokomotive an der Wernigeröder Batterie

tatsächlich trudelt gerade, als wir da sind, eine Gruppe Easy-Rider ein.

Im Umkreis der Rappbode-Talsperre nimmt der Motorradverkehr wieder zu; rechter Hand liegt die Stemberghaus-Köhlerei, die zeigt, wie hier die Köhler arbeiteten. Ein Tipp sind die Sträßchen entlang Rappbode und Luppbode – abseits des überlaufenen Bodetals. Während an der Rappbode-Talsperre am Motorradtreff und an der Staumauer der Bär steppt, wird es an der Rappbode augenblicklich stiller. Kurz hinter der Wendefurth-Talsperre verlassen wir in südöstlicher Richtung die Bundesstraße und biegen auf die einsame, holprig geteerte Nebenstrecke nach Treseburg.

Spätestens ab Altenbrak zeigt der Harz ein neues Gesicht: Einsamkeit und Wildnis, kaum Geräusche außer dem Plätschern des klaren Bode-Flusses. Am Zusammenfluss der beiden Bode-Flüsse hat man die Qual der Wahl: flussab- oder flussaufwärts? Wir entscheiden uns für das Fachwerkjuwel Stolberg, wo einst Martin Luther predigte. Oberhalb der schönen Altstadt steht das imposante Schloss. Kurios: Außer am Ortseingang verzichtet Stolberg auf jegliche Verkehrsschilder.

Duftende Auen und ein berühmter Canyon

Nach einem Abstecher zum Josephskreuz geht es auf Nebenstrecken weiter, bis die Route östlich ins Untere Selketal abbiegt. Schroffe Felswände zeigen sich im Wald, und das Tal ist für Motorräder eine Sackgasse – nur die Selketal-Bahn fährt noch im unteren Teil. Das Tal verläuft relativ eben, und ungefähr in der Mitte liegt die sehenswerte Museumsburg Falkenstein.

Der Rückweg auf der Stichstraße führt durch duftende Auen Richtung Quedlinburg. Am Sternhaus kreuzt man einmal mehr die HSB. Neben Wernigerode und Stolberg ist Quedlinburg berühmt für sein Schloss und die Fachwerkskunst. Nach der Teufelsmauer bei Weddersleben kann man bei Bad Suderode noch ein Stück am Kalten Talbach entlangfahren, ehe wir uns bei Thale dem berühmten Hexentanzplatz mit der Walpurgishalle zuwenden. Von dort genießt man beste Ausblicke über den berühmtesten »Canyon« Sachsen-Anhalts: das Bodetal mit der Roßtrappe.

Das DDR-Museum Thale macht Werbung mit einem VoPo-Bulli, während nur ein paar Meter entfernt neben einem Camper ganz authentisch eine Gruppe unter originaler FDJ-Fahne zu Tisch sitzt: Auch das ist der Ostharz – ein Vierteljahrhundert nach der Wende.

Raues Land oder Räuberland nennen die Etymologen einen Ort, der vom Tagebau wie zerfressen wirkt. In Sichtweite der alten Baumannshöhle kann man sich den Rübeländer Kalk-Tagebau anschauen und durch teils kalkweiße Landschaft bis nach Elbingerode fahren. Hoch über Wernigerode thront imposant das Schloss, und nahe der Altstadt stehen die Loks der HSB ständig unter Dampf. Der Ort Drei Annen Hohne bei Schierke eignet sich hervorragend, um den historischen Eisenbahnverkehr zu beobachten: Über den Westharz geht es für uns wieder zurück nach Bad Harzburg.

Oben: Wasserfurt nur für Versorgungsfahrzeuge:
Idyllisches Treseburg an das Bode

Unten: »Aufflug« zum Hexentanzplatz in Thale.
Wer Walpurgishalle und Bodetal sieht, hat sein Ziel erreicht.

Informationen

Streckenverlauf: Goslar – Altenau – Torfhaus – Oderteich – Sonnenberg – Sankt Andreasberg – Siebertal – Herzberg (Lonau) – Rhumequelle – Museum Tettenborn – Kloster Walkenried – Nordhausen Dora – Netzkater – Schloss Stiege – Hasselfelde – Pullman City – Wendefurth – Altenbrak – Allrode – Güntersberge – Stolberg – Straßberg – Selketal – Gernrode – Quedlinburg – Weddersleben (Teufelsmauer) – Thale – Blankenburg – Regenstein – Hüttenrode – Rappbode-Motorradtreff – Rübeland – Elbingerode – Wernigerode – Drei Annen Hohne – Schierke – Elend – Braunlage – Bad Harzburg

Streckenlänge: Ca. 452 km

Ausgangspunkt: Goslar

Endpunkt: Bad Harzburg

Anfahrt zum Ausgangspunkt: Am bequemsten über A 7, B 6 oder A 38

Übernachtungen:
Treseburg: www.hotel-forelle-harz.de
Selketal: Selketaler Waldgasthof, www.harz-ferienwohnungen.com

Campingplätze:
Harz-Camp Bremer Teich: mitten im Wald: www.harz-camp-gernrode.de;
Harz Camping in Elend (Schierke), www.harz-camping.com;
Campingplatz am Waldbad Hohnstein, www.neustadt-harz-camping.de

Treffs: Torfhaus; Netzkater; Rappbode-Talsperre; Okterrasse

Streckensperrungen: Bad Lauterberg Stadtgebiet; Bad Harzburg Nachtfahrverbot; Braunlage B 4 Hohegeiß Tempolimit für Biker; viele Blitzer auf B 243 und B 4, gefährdet sollen auch die Kyffhäuser-Strecke und die Rappbode-Talsperre sein.

Sehenswürdigkeiten: Goslar: Rammelsberg Besucherbergwerk, Kaiserpfalz; **Thale:** Roßtrappe und Hexentanzplatz, DDR-Museum; KZ-Gedenkstätte Dora Mittelbau; Baumannshöhle, Hermannshöhle, Einhornhöhle, Iberger Tropfsteinhöhle; Drei Annen Hohne; HSB- Schmalspurbahn; Harzköhlerei Stemberghaus; Quedlinburg; Wernigerode; Pullman City

Brockenblick: Unweit der ehemaligen DDR-Grenze dominiert der 1141 Meter hohe Gipfel.

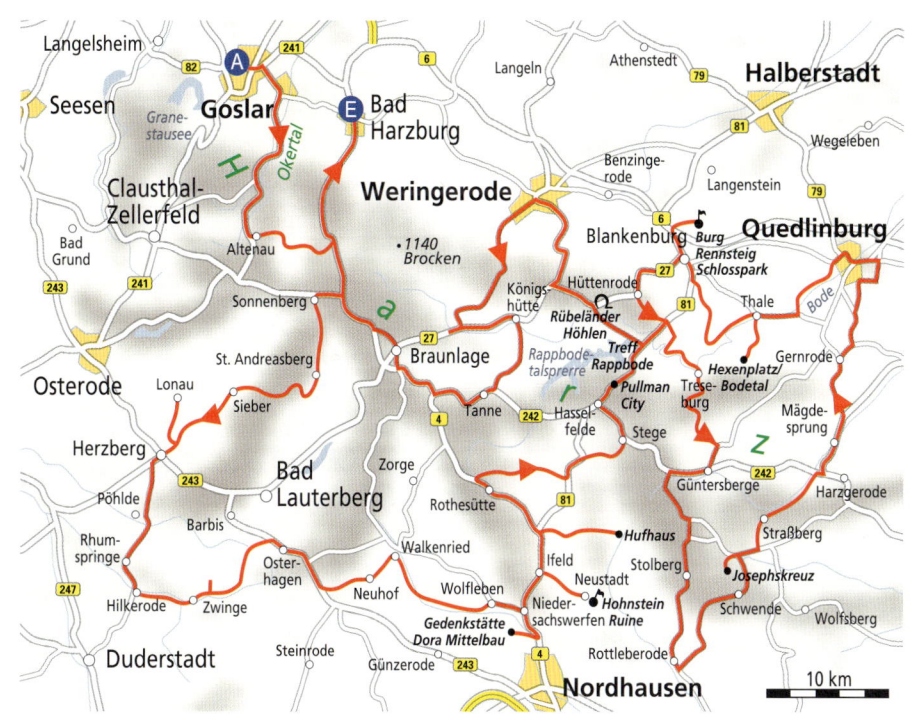

24 Norddeutschland ist lila

Wacholder, Wolf & Heide – unterwegs in einer einzigartigen Landschaft

Am schönsten blüht die Lüneburger Heide im August und Anfang September. Die ausgedehntesten Heideflächen liegen bei Niederhaverbeck und östlich von Schneverdingen; urbane Atmosphäre bietet nur die Hansestadt Lüneburg. Besungen und bedichtet wurde die alte Kulturlandschaft von Herman Löns, was heute einen beachtlichen Tourismus auslöst. Das dadurch die gepflegte und gehegte Kulturlandschaft auch UNESCO-Weltkulturerbe werden könnte, scheint naheliegend, doch dazu reichte es bisher (noch) nicht.

Mitten in der Norddeutschen Tiefebene erblüht im August und Anfang September ein Meer aus Calluna vulgaris, weithin als Heidekraut bekannt. Die Lüneburger Heide ist die gemeinhin größte, wenn auch schrumpfende Fläche davon. Das Meer aus violetter Zwergstrauchheide blüht leuchtend lila, immer wieder von dunkelgrünen Farbtupfern der spitz

herausragenden Wacholderbäume konterkariert. Um nicht in einen Tourismus-Stau zu geraten, sollte man antizyklisch reisen und die Heide möglichst in ihrer Hochsaison meiden. Dann hat man alles für sich, wie zu Herman Löns' Zeiten: leuchtend lila und einsam.

Was tun, wenn der Wolf kommt?

Thomas ist gelernter Schäfer und fährt gern Motorrad, nur fehlt in der Landwirtschaft oft die Zeit dazu. Für einen Kurztripp ist aber Zeit, und so verbinden wir das Angenehme mit dem Nützlichen und besuchen per Bike Faßbergs Heideschäfer Hans. Das Gespräch kommt selbstverständlich auf den Wolf. Auf den Truppenübungsplätzen der Umgebung wurde er schon gesichtet – doch wo Luchs und Wolf sich gute Nacht sagen, ist für Schafe wohl nicht immer gut Kirschen essen. Eine Stippvisite führt uns in Faßbergs Luftbrücken-Museum, gleich neben dem Militärflughafen, auf dem früher »Battle of Twins«- und »Sound of Singles«-Wettbewerbe stattfanden. Hier gibt es Rosinenbomber und jede Menge Baracken mit zeitgeschichtlichen Dokumenten und multimedialen Vorführungen zu sehen.

Unser Abstecher in den sandig waldigen Teil der Südheide endet auf der Crosspiste. Sven Kiedrowski und sein Motocross-Team haben in Hetendorf eine kleine Piste geschoben. Sollen wir es wirklich mal probieren? Trotz unserer Straßenenduros werfen wir alle Hemmungen über Bord und drehen mit unseren vergleichsweisen schweren Supertankern zwei Gratisrunden durch den Sand. Erstaunlich, wie schnell das Hemd durchgeschwitzt ist …

Pop Art in Bispingen

Knochentrocken knistert der sandige Kiefernwald, als wir vom Wilseder Berg, der höchsten Erhebung der Norddeutschen Tiefebene, Richtung Heide-Kastell Iserhatsche abbiegen. Vorbei an den künstlichen Erlebniswelten des Centerparks Bispinger Heide treffen wir auf den flotten Mitsiebziger-Besitzer von Iserhatsche, einen Mann, der anscheinend die Welt gesehen hat, aber nun seinen Traum von Sammelleidenschaft und Autarkie auslebt: Uwe Schulz-Ebschbach besitzt das wohl spektakulärste Grundstück im Landkreis, das vormals im Besitz der Familie Thyssen-Krupp war. Seit 1986 ist der ehemalige Malermeister am Werkeln und hat ein Gesamtkunstwerk geschaffen, das an irgendetwas zwischen Niki de

Niederhaverbeck auf Abwegen: Wenn andernorts gespeist wird, leeren sich die Heideflächen der großen Osterheide.

Schäfer mit Enduro:
Ideales Hütefahrzeug für die Heide

Saint Phalle, Friedensreich Hundertwasser und Trivial-Kunst erinnert. Neben einer Arche Noah sieht man auf dem Gelände einen feuerspeienden Berg, 16.000 Bierflaschen und labyrinthische Grotten voll mit Sammlerobjekten wie einer Viertelmillion Streichholzschachteln, Sahnedosendeckeln und allerhand anderen Dingen, von denen man nicht glaubt, dass Leute sie sammeln können. All das ist professionell und ehrwürdig hergerichtet. Vom Barocksaal bis hin zur Heiratsgrotte fehlt nichts auf dem ausschweifenden Grundstück.

Auch hier könnte Thomas seinen neuen »Bock« finden: Zur Heide-Rush-Hour hat es uns, antizyklisch tourend, nach Schneeverdingen, zu Könemann's Erlebniswelt verschlagen. Dieter Könemann machte in den 1980er- und 1990er-Jahren als Motorrad-Grauimporteur auf sich aufmerksam, bot Motorräder zu Dumpingpreisen mit weitgehend ungeklärten Garantieansprüchen an und machte sich damit allerhand Vertragshändler zum Feind. Heute ist er selber einer, und zwar erfolgreich.

Sportler im Tiefflug

Das Kennzeichen SFA stand in Norddeutschland früher leider häufig für Tiefflieger auf zwei Rädern. Tatsächlich spielt sich zur Saison rund um Bispingen und dem Wilseder Berg mehr Heiderummel ab als in Lüneburg. Die Hansestadt Lüneburg ist eher wegen ihrer »salzigen« Vergangenheit und der gut erhaltenen Altstadt gefragt, weniger wegen ihrer Heideflächen. Wer danach sucht, wird östlich der A 7 um Amelinghausen in der Rehrhofer oder der Schwindebecker Heide fündig.

Weitaus größere Heideflächen liegen inmitten der Truppenübungsplätze Munster und Bergen – Areale, die teilweise schon seit 120 Jahren militärisch genutzt und von Panzern »gepflegt« werden. An manchen Tagen gibt es hier zumindest für minder Motorisierte mit Passierschein (kein Scherz!) die Möglichkeit einer Begehung.

Das zeigt sich auch am Ende der Tour, als ich im letzten Tageslicht in der Nähe der Anschlussstelle Westenholz vor der Schranke des Übungsplatzes Bergen stehe. Die Attraktion »Sieben Steinhäuser« ist für heute passé, sagt mir zumindest der Schrankenwärter. Kehrt Marsch, ab nach Hause – nichts anderes bleibt mir übrig.

Oben: Kurz nach der Heideblüte ist die touristische Welt wieder in Ordnung – weniger Verkehr, spätsommerliche Stimmung und staubige Sandpisten inbegriffen.

Unten: Zeit für Muße und Schäferstündchen muss sein – Kiefernwald meets Heide.

Informationen

Streckenverlauf: Lüneburg (Rehrhofer Heide, Schwindebeckquelle) – Amelinghausen – Munster – Faßberg – Hetendorf – Bispingen – Iserhatsche – ZTK Erlebniswelt Schneverdingen – Handeloh (Undeloh) – Niederhaverbeck (Wilseder Berg) – Neuenkirchen – Bad Fallingbostel – Sieben Steindörfer

Streckenlänge: Ca. 266 km

Ausgangspunkt: Lüneburg

Endpunkt: Sieben Steindörfer (Ostenholz)

Anfahrt zum Ausgangspunkt: A 7 bis Anschlussstelle Bispingen oder A 1 oder A 24 Richtung Hamburg und dann A 7 oder B 3 gen Süden. Alternative Anreise durch Autozüge (ab 2017) der ÖBB und BTE: Von München, Lörrach oder Wien nach Hamburg.

Übernachtungen: Das kleine Landhaus Bispingen, www.kleines-landhaus-bispingen.de; Comforthotel Lüneburg, www.comfort-hotel-lueneburg.de

Campingplätze: Uhlenköper Camp Uelzen (nähe Uhlenköper Ring-Cross-strecke), www.uhlenkoeper-camp.de

Treffs: Erlebniswelt Schneverdingen

Streckensperrungen: Durch die Heideflächen der Lohheide kann man nur an bestimmten Wochenenden und mit Passierschein fahren. (Infos unter Tel. 05161/94 57 92 oder Standortkommandantur Bergen, Tel. 05051/475-0).

Schäfer Hans im Faßberger Wacholderwald

Sehenswürdigkeiten:
Undeloh (Wilseder Berg); Heide bei Niederhaferbeck; Heide-Kastell Iserhatsche; Rehrhofer Heide; Faßberg: Luftbrückenmuseum; Lüneburg; Gedenkstätte Bergen-Belsen; Vogelpark Walsrode; Serengeti-Park Hodenhagen; Centerpark Bispinger Heide; Sieben Steinhäuser

25 Deichgeschichten

Unterwegs zwischen Ebbe und Flut

Ostfriesland ist windig, briefmarkenplatt, unspektakulär und rau, heißt es allgemein. Fragt man einen echten Ostfriesen, warum er bleibt, gibt es als Antwort oftmals nur Schweigen. Doch wer sich allen Unkenrufen zum Trotz unvoreingenommen auf den Weg macht, den geheimnisvollen Reiz dieser so andersartigen Region zu entdecken, der wird rasch fündig – und vermutlich ebenso schnell süchtig nach dieser unendlichen Weite der Landschaft.

Wissen Sie, wie in Ostfriesland Ebbe und Flut entstanden sind? Als die Ostfriesen vor vielen Tausend Jahren die Nordseeküste besiedelten, erschrak das fröhlich wellenschlagende Meer derart, dass es sich ganz weit hinaus auf den Atlantik zurückzog. Und bis heute kommt das Meer zweimal täglich, um zu gucken, ob diese Ostfriesen immer noch da sind …

Wo bitte geht's zum Meer?
Aurich, das pulsierende Herz Ostfrieslands, ist ein idealer Tourenstandort. Bereits im 13. Jahrhundert wird der »Schreibtisch Ostfrieslands« urkundlich erwähnt; heute ist das Verwaltungs- und Regierungszentrum Ostfrieslands auch Sitz des inzwischen ältesten europäischen Ständeparlamentes.

Natürlich zieht es uns erst einmal ans Meer. Gemütlich schwingen wir über Tannenhausen durch das Meerhusener Moor, klinkerverzierte Bauernhöfe ducken sich hinter hohen Hecken oder Baumreihen vor dem allgegenwärtigen Wind. Schnurgerade verlaufen die Straßen, topfeben ist das Land. Erst hinter Dornum kappt der Deich unseren auf unendlich justierten Blick. Eine mikroskopisch kurze »Bergetappe« über die Deichkrone, und plötzlich stehen wir am Meer. Gemeinsam mit den Rasenmähern Ostfrieslands, den Schafen. Das mit den Kurven ist in Ostfriesland tatsächlich so

eine Sache, fast schnurgerade zeichnen schmale Straßen den Verlauf der Nordseeküste nach, über Neßmersiel und Hufschlag fahren wir durch die Hagermarsch nach Norden, der ältesten Stadt Ostfrieslands, dem Tor zur Krummhörn, zu Klaus Störtebekers Land.

»Liekedeler«, zu Deutsch: »Gleichteiler«, nannten sich Klaus Störtebekers Piraten, die im 14. Jahrhundert den Reichen von ihrem Reichtum nahmen, um es den Bettelarmen zu geben. Auf Krummhörn, einer Halbinsel zwischen Norden und Emden lebte jener berühmte Pirat, von Marienhafe zog er hinaus aufs Meer zu seinen Beutezügen. Damals lag der Ort noch direkt am Wasser, heute trennen beide gute 15 Kilometer Marschland.

Entlang der Grünen Küstenstraße lassen wir uns einmal um Krummhörn treiben; riesige Windkraftanlagen schießen allerorten wie Pilze aus dem Boden, echte Windmühlen sind leider selten geworden. Das Dorf Greetsiel gönnt sich gleich zwei davon – die »Greetsieler Zwillinge«, ein beliebtes Fotomotiv. So wie der Pilsumer Leuchtturm wenige Kilometer weiter: Seit Teile der Komödie »Otto – der Außerfriesische« hier gedreht wurden, kennt man den rot-gelb geringelten Leuchtturm inmitten grüner Deichlandschaften bundesweit.

Unterwegs im Fehnland

Unzählige Kanäle durchziehen den Süden Ostfrieslands, das Land der Fehndörfer, anmutig stille Dörfer entlang künstlicher Kanäle. Alte Zugbrücken ermöglichen den Wechsel der Uferseite, dickbäuchige Handelskähne dümpeln auf den Wasserstraßen und entführen uns zumindest optisch in längst vergangene Tage. So wie das prachtvolle historische Herz von Leer, das südliche Tor Ostfrieslands. Direkt am alten Hafen, nur einen Steinwurf vom vornehmen Rathaus entfernt, laden Bänke im prallen Sonnenschein zu einer Rast, und zu Fuß erkunden wir dann die Fußgängerzone mit Geschäften und obligatorischen Teestuben.

Freunde friesisch herben Genusses wird der Abstecher nach Jever begeistern und hier vor allem auch die Führung durch das »Friesische Brauhaus zu Jever«, wo man dann im

Entspanntes Touren: Der Bootsverkehr auf den Kanälen ist heutzutage gering, die Zugbrücken nur noch selten in Betrieb.

Das Thema »Wind« ist allgegenwärtig: Die Windmühle steht in Dornum, das Teehaus findet sich in Neuharlingersiel.

Anschluss im Brauerei-Shop all das erwerben kann, was die Stadt berühmt gemacht hat. Anschließend gönnen wir uns eine echte ostfriesische Kuriosität, schwingen kurzerhand von Russland nach Amerika – ohne Grenzformalitäten, Visa und absurde amerikanische Einreise-Verhöre: Direkt vor den Toren Friedeburgs ist das möglich – deren Stadtteile »Russland« und »Amerika« trennen gerade einmal fünf Kilometer Luftlinie.

Im Fischerstädtchen Neuharlingersiel, direkt am Eingang zum alten Hafen, reicht der Platz so gerade aus, das Moped zu parken, um den Ort zu Fuß zu erkunden. Historische Krabbenkutter liegen vor Anker, Fischer mit ledergegerbten Gesichtern flicken ihre Netze und klönen in einem mir absolut unverständlichen Dialekt.

Carolinensiel ein paar Deichkilometer östlich setzt diesem Bild Ostfrieslands die Krone auf – vor allem an Markttagen, wenn am alten Hafen fangfrische Aale gleich neben herzhaftem Schafskäse verkauft werden. Und die Teezeremonie im Café »Hafenblick« sollten auch Sie sich auch nicht entgehen lassen – lecker, stilvoll und echt.

Und was ist nun eigentlich mit dem Meer? Für einen ganz spontanen Genuss der ewigen Brandung empfehle ich Ihnen, im idyllischen Carolinensiel direkt am Deich eine nette Bleibe zu suchen, vielleicht sogar einen entspannten Badetag einzulegen oder abends bei einem prächtigen Sundowner in aller Ruhe auf das seit Jahrhunderten so scheue Meer zu warten. Denn zweimal am Tag kommt es ja bekanntlich vorbei, um nachzuschauen ...

Oben: Fast schon offroad – Das Land hinter dem Deich wird durchzogen von winzigen Pisten, einige sind frei befahrbar.

Unten: Bilderbuch-Ostfriesland – Neuharlingersiel und seine Fischkutter gehören zum Pflichtprogramm einer Reise.

Informationen

Streckenverlauf: Aurich – Sandhorst – Tannenhausen – Blomberg – Ostochtersum – Utarp – Westerholt – Ostergaste – Dornum – Dornumersiel – Neßmersiel – Ostermarsch – Westerloog – Norden – Norddeich – Itzendorf – Mittelmarsch – Westermarsch – Greetsiel – Pilsum – Manslagt – Krummhörn – Rysum – Emden – Georgsheil – Aurich – Holtrop – Wilhelmsfehn – Grossefehn – Mittegrossefehn – Westgrossefehn – Bodehusen – Oldersum – Leer – Filsum – Remels – Oltmannsfehn – Zetel – Jever – Friedeburg – Amerika – Russland – Wittmund – Burhafe – Esens – Neuharlingersiel – Carolinensiel

Streckenlänge: Ca. 450 km

Ausgangspunkt: Aurich

Endpunkt: Carolinensiel

Anfahrt zum Ausgangspunkt: A 1 Richtung Bremen und A 28 über Oldenburg bis Ausfahrt Aurich/Hesel

Übernachtungen:
Aurich: Hotel Stadt Aurich, www.hotel-stadt-aurich.de
Carolinensiel: Hotel Hinrichs, www.hotel-hinrichs.de

Campingplätze: Camping am Deich direkt auf der Krummhörn, www.camping-am-deich.de

Sehenswürdigkeiten:
Norden, Aurich und Emden sowie Jever und Leer; in den Dörfern finden sich kleine, liebevoll zusammengestellte Museen, wie das Buddelschiffmuseum in Neuharlingersiel oder das Dörpmuseum Münkeboe. Erlebenswerte Strandorte direkt am Meer: u. a. Neuharlingersiel, Carolinensiel, Bensersiel, Dornumersiel, Greetsiel

97

26 Zwischen Ebbe und Witzwort

Nordfriesland ist so gänzlich anders als erwartet

Sie lieben das Meer, die ewigen Gezeiten, und fühlen sich wohl in Ostfriesland? Und glauben nun aufgrund dessen, dass Ihnen Nordfriesland allemal Ähnliches zu bieten habe? Weit gefehlt, kann ich da nur ausrufen. Denn diese einstmals zum Königreich Dänemark gehörende Region ist so ganz anders, als das typische, das hinlänglich bekannte Friesenland. Kommen Sie mit in eine Region im Dornröschenschlaf – und fürchten Sie sich nicht davor, sie aufzuwecken.

Sylt, Amrum und Föhr waren es, die jene vor 1400 Jahren wagemutig über die Nordsee kommenden Friesen als Erstes empfingen und begeisterten. Und wenngleich die größten der Nordfriesischen Inseln heutzutage – allein schon aufgrund ihrer Ausdehnung von nur wenigen Quadratkilometern – in puncto Motorradfahren eher geringen Genuss bieten, kann das nordfriesische Festland selbst eingefleischte Kurvenräuber überzeugen. Zumindest dann, wenn sie Neuem gegenüber aufgeschlossen sind und ihren Horizont erweitern möchten.

Das Meer fest im Blick

Das Nordfriesen-Städtchen Husum ist ein idealer Ausgangspunkt für die Erkundung der Region ganz oben im Norden Deutschlands und die Halbinsel Nordstrand der ideale Einstieg, das perfekte Warm-up. Auch fahrerisch. Entstanden aus eiszeitlichem Marschland, wurde die Insel 1907 durch einen gut drei Kilometer langen künstlichen Damm mit dem Festland verbunden; 1935 wurde darauf eine hochwasserfreie Straße erbaut, die uns bequem hinüber auf die Halbinsel bringt.

Entweder am Deich entlang oder direkt ins Inselzentrum führen die schnurgeraden Pisten Nordstrands, sehenswerte Gehöfte und Weiler ducken sich auch hier hinter Bäumen und hohen Hecken vor dem allgegenwärtigen Wind. Gewaltige Sturmfluten haben die Menschen jahrhundertelang in Atem gehalten und die Überlebenden zusammengeschweißt. Übrigens: Auch das Nationalgetränk der Nordfriesen wurde auf Nordstrand »geboren«: der berühmte »Pharisäer«.

Immer in Sichtweite zum Meer geht es anschließend gen Norden. Über Bredstedt erreichen wir die Zufahrt zur Hamburger Hallig, einer seit 1860 mit einem befahrbaren Damm verbundenen ehemaligen Insel mit gut besuchtem Restaurant. Eine schöne Möglichkeit, das Motorrad gefahrlos einmal ins »Meer« zu treiben.

Über Ockholm und Dagebüll mit seinen Fähren nach Amrum und Föhr erreichen wir bei Neukirchen die Grenze zu Dänemark. Via Krakebüll, Uphusum und Klixbüll geht es mitten hinein ins Zentrum von Niebüll, einem heute 10.000 Einwohner zählenden schmucken Städtchen, dessen Wortstamm »büll«, also »Dorf«, nun offensichtlich nicht mehr so passend ist.

In des Wortes kühnster Bedeutung »über die Dörfer« geht es am Nachmittag retour nach Husum, die unbeschwerte Kurvenhatz beschert uns sogar einige Rechts-Links-Kombinationen, die den Gleichgewichtssinn herrlich kitzeln.

Sehenswerter Süden

Die Eider, Schleswig-Holsteins längster Fluss, mit ihren verträumten Ortschaften sowie die geschichtenreiche Halbinsel

Friesische Impressionen: Das Wattenmeer ist seit 2009 UNESCO Welterbe und auf dem Weg zur Hallig Hamburg sogar befahrbar.

Das Meer macht die Seele weit, heißt es auf den Bahamas. So weit müssen wir nicht reisen, um diesen Effekt zu erleben.

Eiderstedt bilden die Höhepunkte der zweiten Tour, diesmal in den Süden Nordfrieslands. Dazu huschen wir in einem weiten Bogen über Mildstedt, Rantrum, Oldersbeck und Schwabstedt direkt ins Zentrum der Zwei-Flüsse-Stadt Friedrichstadt. Hier mündet die Treene in die Eider, die Wurzeln des sehenswerten Städtchens reichen gut 400 Jahre zurück, und ein Parkplatz für das Moped ist ebenso rasch entdeckt wie leckere, fangfrische Krabbenbrötchen auf die Hand.

Immer entlang der Eider schwingen wir zur Mündung des Flusses in die Nordsee. Über 1000 Jahre markierte der Fluss die Südgrenze Dänemarks. Ein ganz besonderes nordfriesisches Schatzkästlein erwartet uns mit Tönning, dessen winziger Fischereihafen einstmals Dreh- und Angelpunkt niederländischer Käseproduktion war. Bis zu drei Millionen Pfund Käse wurden um 1610 in Tönning verladen und in die weite Welt verschifft.

Über die Krone des gewaltigen Eidersperrwerks geht es dann auf die größte und südlichste Halbinsel Nordfrieslands. Jene gewaltige Flutsperre begeistert jeden Technikfan, Infotafeln am Sperrwerk erzählen viele Details. Mit Ausnahme von Sankt Peter Ording, Nordfrieslands führendem Seebad, geht es auf Eiderstedt recht geruhsam zu. Zwischen Witzwort, Oldenswort und Poppenbüll sind auch hier die Straßen meist schnurgerade, ducken sich auch hier herrlich einsame Gehöfte hinter Baumreihen und Hecken vor dem Nordseewind, und die direkte Küstenlinie mitsamt dem Weltnaturerbe Wattenmeer ist nur zu Fuß über den Deich erreichbar. Macht aber nix, denn Bewegung abseits des Mopedsattels soll ja gesund sein. Ganz besonders in dieser frischen, jodhaltigen Nordseeluft, wenn sich unser Blick ganz allmählich auf unendlich zentriert und wir förmlich spüren können, wie sich die Seele mit jedem Atemzug weitet.

Eine Einladung – und ein Versprechen: Friesland ist eine Tourenregion, die schon aufgrund ihrer Andersartigkeit begeistert.

Informationen

Streckenverlauf: Husum – Schobüll – Nordstrand Halbinsel – Bredstedt – Bordelum – Hamburger Hallig – Dagebüll – Didersbüll – Neukirchen – Krakebüll – Uphusum – Klixbüll – Niebüll – Leck – Sande – Bargum – Goldelund – Drelsdorf – Arlewatt – Husum – Mildstedt – Rant-rum – Schwabstedt – Friedrichstadt – Preil – Lunden – Tönning – Eidersperrwerk – Eiderstedt Halbinsel – Sankt Peter Ording – Garding – Poppenbüll – Oldenswort – Witzwort – Husum

Streckenlänge: 480 km

Ausgangs- und Endpunkt: Husum

Anfahrt zum Ausgangspunkt: Via A 1 nach Hamburg sowie A 7 Richtung Flensburg bis Ausfahrt Schleswig und Husum

Übernachtungen:
Husum: Myn Utspann, www.myn-utspann.de; Hotel am Schlosspark, www.hotel-am-schlosspark-husum.de

Campingplätze:
Campingplatz Neuwarft in Dagebüll, www.nordfriesland-camping.de

Sehenswürdigkeiten:
Natürlich ist das Meer mit seinen Gezeiten und dem seit 2009 als UNESCO Weltnaturerbe ausgezeichneten Wattenmeer das landschaftlich beherrschende Thema. Sehenswerte Städte sind neben Husum auch Bredstedt, Dagebüll, Leck und Niebüll sowie im Süden Friedrichstadt und Tönning.

Genuss nach einem langen Tag im Sattel

Im 19. Jh. praktizierte auf Nordstrand ein ganz besonders asketischer Pastor, in dessen Gegenwart kein Alkohol getrunken werden durfte. Bei einer Kindstaufe kam ein Bauer auf die Idee, in seinen starken Kaffee einen ordentlichen Schuss Rum zu schütten. Damit der Alkohol nicht verdunsten und einen verräterischen Duft verströmen konnte, gab er obendrauf einfach eine dicke Sahnehaube. Irgendwann entdeckte der Pastor den Schwindel und rief entsetzt: »Oh ihr elenden Pharisäer« – und das Nationalgetränk der Nordfriesen hatte seinen Namen. Und wird bis heute so serviert.

Lohnt einen ausgiebigen Rundgang: Das Zentrum von Friedrichstadt mit lebendiger Geschichte und leckeren Einkehrschwüngen

27 Welch gelungener Zweiakter!

Die Ostseeküste – erster Akt

Sie sei »das größte Brackwassermeer der Erde« behaupten Geologen. Zugegeben, das klingt nicht besonders anregend, weder für den potenziellen Badegast noch für den tourenden Motorradfahrer. Doch davon sollten Sie sich keinesfalls abschrecken lassen, denn allein die Küstenlinie des eher winzigen deutschen Anteils an diesem über 400.000 Quadratkilometer großen Binnenmeer hat uns so viel zu bieten, dass wir seine Höhepunkte auf zwei Kapitel und fünf Touren aufgeteilt haben. Beginnen wir im Westen ...

Am Meer entlang gen Norden

So wie anderntags auf der Tour rund um und durch die Halbinsel Wagrien, dem nordöstlichen Teil Holsteins an der Grenze zu Dänemark. Slawische Stämme prägten nicht nur den Namen der Halbinsel, sie kultivierten das weite und fruchtbare Land auch seit dem 8. Jahrhundert. Bei Rangenberg queren wir die Trave und folgen ihr nach Travemünde, direkt an der einstigen innerdeutschen Grenze. Wir begnügen uns heute mit einem langen schweifenden Blick über die flunderflache Flussmündung und treiben dann das Motorrad

immer am Meer entlang gen Norden. Über Brodten und Niendorf erreichen wir den berühmten Timmendorfer Strand an der mächtigen Lübecker Bucht.

Die B 501 und die B 202 umrunden in perfekter Kombination einmal die historische Halbinsel Wagrien und seien all denjenigen empfohlen, die ein rasches Vorankommen suchen. Doch auch sie sollten die kurvenreiche Hauptstrecke immer mal wieder zu Abstechern hinüber an die Ostsee verlassen – es lohnt sich. So wie z. B. im beschaulichen Sierksdorf, wo das Erste Deutsche Bananenmuseum mit gut 10.000 Exponaten zur vielleicht gesündesten Frucht lockt.

Über Neustadt in Holstein geht es weiter nach Grömitz mit seinem Arche-Noah-Zoo, in dem nicht nur die der Überlieferung nach für die Arche Noah auserwählten Tiere hautnah erlebt werden können. Und kurz vor Heiligenhafen können Sie zu einem Abstecher auf Deutschlands drittgrößte Insel – Fehmarn – den Blinker rechts setzen. Beschauliche Siedlungen und weite Strände erwarten Sie hier.

Kiel und das Hinterland

Ein weites Land hinter vergleichsweise flachen Deichen erwartet uns auf dem Weg hinüber nach Kiel. Lichte Wälder, kleine Hügel und versteckte Seen bieten ebenso Abwechslung wie die oftmals einsamen Straßen vor unserem Windshield. Spätestens das quirlige Kiel direkt an der Spitze der trichterförmigen und nicht nur in Seglerkreisen weltberühmten Kieler Förde holt uns dann zurück ins Hier & Heute. Die Landeshauptstadt Schleswig-Holsteins ist zugleich die nördlichste Großstadt Deutschlands und besitzt eine reiche, ja spannende Geschichte. In der natürlich auch die meistbefahrene künstliche Wasserstraße der Welt ihren gebührenden Platz hat – der berühmte Nord-Ostsee-Kanal. Rund um den markanten Kieler Rathausturm drapiert sich ein sehenswertes Zentrum, das wir in einem Rundgang zu Fuß erkunden können. Samt Einkehrschwung versteht sich – mein Tipp: Restaurant »Der Bauch von Kiel« in der Legienstraße. Durch das abwechslungsreiche Herz der Halbinsel Wagrien

Außerhalb der Hauptreisezeit im Sommer haben wir die Strände nahezu für uns allein. Nur das Moped muss »draußen« bleiben.

Technikfans sind hellauf begeistert: Das Historisch-Technische Museum von Peenemünde lohnt einen ausgiebigen Besuch.

geht es dann retour. Über Raisdorf und Selent erreichen wir das gemütliche Städtchen Plön inmitten der Holsteinischen Schweiz, einer der wichtigsten Tourismusregionen Norddeutschlands. Deren Namenszusatz »Schweiz« geht übrigens auf das 19. Jahrhundert zurück, als Reisen in die reale Schweiz immer beliebter wurden. Ein findiger Hoteldirektor nannte sein Haus ganz einfach »Holsteinische Schweiz« und schuf damit einen touristisch wertvollen Begriff, der sich rasch auf die gesamte Region übertrug.

Auch rund um Eutin mit seinem sehenswerten Schloss ist das weite Agrarland der Holsteinischen Schweiz unterteilt in viele, oft imposante Adelsgüter mit großen Ländereien. So manch zeitgeschichtliche Perle ist offiziell zwar verschlossen, öffnet aber alljährlich im Rahmen des Schleswig-Holstein Musik-Festivals (Juli/August) dem interessierten Besucher seine Pforten.

Ein erster Blick nach Osten

Das bildhübsche Hansestädtchen Wismar mitsamt seiner weiten Bucht ist das Ziel der zweiten Tagestour. Dazu wenden wir uns diesmal in Travemünde ostwärts und schwingen immer an der Küstenlinie entlang über Priwall und Boltenhagen zielstrebig hinein nach »Meck-Pomm«. Und das wie immer mit der Neugierde eines Kindes und natürlich auf kleinsten Landstraßen direkt am Wasser. »Das Meer macht die Seele weit«, sagt man auf den Bahamas – das ist auch hier bereits nach wenigen Kilometern deutlich zu spüren.

Dazu gesellt sich wenig später eine satte Portion echte Seefahrerromantik rund um das historisch hoch authentische Wismar. 1229 erstmals urkundlich erwähnt, zeigt die Altstadt Wismars auch heute noch das typische Bild einer Hansestadt aus dem 14. Jahrhundert. Über antikes Kopfsteinpflaster hoppelnd geht es zur sehenswerten Fußgängerzone. Eine mittägliche Portion Matjes mit Bratkartoffeln im »Gottfried's« am Schiffbauerdamm stärkt uns für den anstehenden Heimweg nach Lübeck. Den suchen wir uns natürlich abseits der im Süden verlaufenden A 20 und huschen in des Wortes kühnster Bedeutung einfach über die Dörfer, immer der bald schon untergehenden Sonne hinterher Richtung Westen.

Kiel (oben) und Lübeck sind die beiden erlebenswerten Großstädte in diesem Teil der Ostseeküste.

Schloss Eutin ist nicht nur der kulturelle Mittelpunkt der Stadt, sondern auch eines der wichtigsten Bauwerke Schleswig-Holsteins.

Informationen

Streckenverlauf: Lübeck – Rangenberg – Travemünde – Timmendorfer Strand – Scharbeutz – Neustadt in Holstein – Rettin – Grömitz – Dahme – Abstecher Fehmarn – Heiligenhafen – Oldenburg in Holstein – Lütjenburg – Schönberg – Laboe – Kiel – Raisdorf – Selent – Plön – Eutin – Ahrensbök – Lübeck – Travemünde – Priwall – Boltenhagen – Wismar – Grevesmühlen – Menzendorfer See – Lüdersdorf – Lübeck

Streckenlänge: 445 km

Ausgangs- und Endpunkt: Hansestadt Lübeck

Anfahrt zum Ausgangspunkt: Via A 1 über Hamburg direkt nach Lübeck

Übernachtungen:
Lübeck: Klassik Altstadt Hotel, www.klassik-altstadt-hotel.de; Landhaus Bode etwas außerhalb in Lübeck-Travemünde, www.landhaus-bode.de

Campingplätze: Campingplatz Lübeck-Schönböcken, www.camping-luebeck.de

Sehenswürdigkeiten:
Eine weite Landschaft, das omnipräsente Meer/die Ostsee, eine Vielzahl an geschichtenreichen Seebädern sowie gemütliche Dörfer und Städte im Hinterland prägen die beiden Tagestouren entlang des westlichen Abschnitts der deutschen Ostseeküste. Sehenswerte Städte sind neben Lübeck, Kiel und Wismar natürlich auch Travemünde, Scharbeutz, Heiligenhafen, Plön und Eutin sowie den Naturpark Holsteinische Schweiz.

28 Hinterm Eisernen Vorhang

Die Ostseeküste – zweiter Akt

Legt man den Maßstab von Tausenden Jahren Menschheit an, dann war es erst kürzlich, dass gleich östlich von Lübeck, unserem letzten Tourenstandort, der berüchtigte Eiserne Vorhang jegliches Vorankommen unmöglich, ja sogar lebensgefährlich machte. Heute ist das Geschichte, und unseren Wunsch, der deutschen Ostseeküste immer weiter nach Osten zu folgen, kann eigentlich nur noch eines bremsen: ein leeres Benzinfass. Also bitte günstig volltanken und mitkommen – es gibt viel zu entdecken!

Die historische Hansestadt Greifswald mit sehenswertem Marktplatz, weinrotem Rathaus und dem Brauhaus »Zum Alten Fritz« eignet sich ideal als Ausgangspunkt für die folgenden Touren entlang der mecklenburgischen Ostseeküste. Und falls Sie aus Lübeck und dem vorangegangenen Kapitel kommen, gibt es für die Anreise dorthin eigentlich nur einen Weg: immer am Meer entlang Richtung Sonnenaufgang.

Immer der Sonne entgegen!

Über Wismar und mit einem kurzen Schlenker über die Halbinsel Poel schwingen wir entlang der Salzhaff nach

Kühlungsborn und Bad Doberan und erreichen die altehrwürdige Hansestadt Rostock als Zwischenziel. Slawische Stämme gründeten vor gut 1400 Jahren die Vorgängerin der inzwischen ältesten Universitätsstadt Nordeuropas mit einer Geschichte voll von guten und schlechten Zeiten. Mein Tipp: Folgen Sie der Beschilderung mitten hinein in die historische Altstadt zum Neuen Markt, parken Sie das Moped in einer der Seitengassen, und schlendern Sie ausgiebig umher. Es lohnt sich!

Vom nahen Warnemünde aus gönnen wir uns eine kleine Fährpassage über den Seekanal in den Ortsteil Hohe Düne. Für den weiteren Weg Richtung Stralsund stehen uns die B 105 für schnelles Vorankommen oder die Küstenstrecke entlang des Naturparks Vorpommerscher Bodden zur Auswahl.

Direkt in der sehenswerten Altstadt von Stralsund parke ich das Motorrad sodann zu einem letzten Boxenstopp für heute, bevor wir spätabends unser gemütliches Quartier in Greifswald erreichen.

Erwartungsgemäß platt ist das Land vor unserem Windshield andertags, entlang einsamer Sandstrände schwingen wir über Lubmin nach Peenemünde. 1630 landete hier Schwedenkönig Gustav II. Adolf und ließ das Fischerdorf zu einem gewaltigen Militärstützpunkt ausbauen. Exakt hier übte Wernher von Braun das Raketenbauen, bevor er 1945 in die USA emigrierte und Amerika den Weg in den Weltraum ebnete.

Pflichtprogramme: Usedom und Rügen

Die nach Osten anschließende Insel Usedom bezeichnet sich selbst gern als »sonnenreichste Region Deutschlands«. Hübsche Badeorte reihen sich entlang des Küstenstreifens aneinander und locken mit ihren berühmten Seebrücken hinaus ins Watt. Hinter Ahlbeck ist dann endgültig Schluss mit unserem Vorwärtsdrang, der Grenzübergang in den polnischen Inselteil bleibt allein Fußgängern vorbehalten.

Trotz Kopfstein-Rüttelpiste macht es großen Spaß, Greifswalds historisches Zentrum mit dem Motorrad zu erkunden.

Ist die lang, Mann: Das Kreuzfahrtschiff »Star Princess« von der Warnemünder Fähre aus betrachtet.

Von Kamminkes winzigem Hafen aus werfen wir rasch einen zollfreien Blick auf den menschenleeren polnischen Küstenstreifen, bevor die groben Kopfsteinpflastergassen von Usedom unser Sitzfleisch herrlich durchmassieren. Durch den mächtigen Backsteinbau des Anklammer Tors geht's direkt hinein in den Ort, in dem 1848 Otto Lilienthal geboren wurde, der wohl berühmteste deutsche Flugpionier. 1896 stürzte er bei einem Testflug mit seinem »Normalsegelapparat« ab und erlag einen Tag später seinen Verletzungen. Mit ordentlicher Bodenhaftung schwingen wir spätabends heim in unsere Unterkunft in Greifswald.

Rügen ist natürlich Pflicht bei einer Reise entlang der Ostseeküste. 50 Kilometer lang und 43 Kilometer breit ist die flächenmäßig größte Insel Deutschlands, mit dem Festland verbunden über den bekannten Rügendamm. Über Gustow geht es ins sehenswerte Städtchen Putbus und nach einem koffeinhaltigen Boxenstopp über Göhren nach Binz. Das größte Seebad der Insel liegt direkt an der Prorer Wiek, einer Bucht mit über 1800 Sonnenstunden im Jahr. Aus den historischen Häusern im Stil traditioneller Bäderarchitektur sind im Lauf der Jahrzehnte Hotels und Pensionen entstanden, die trotz allen Rummels das Flair der Jahrhundertwende noch nicht verloren haben. Spontan stellen wir das Bike am Kurhaus ab und promenieren entlang der Strandidylle.

Harte Kontraste

Wenige Kilometer weiter stehen wir dann in Prora vor dem berüchtigten »Koloss von Rügen«, dessen Reste heute ein buntes Sammelsurium an Museen zur DDR-Geschichte beherbergen. Das einstige »Erholungsheim Walter Ulbricht« bot zu Honeckers Zeiten »inhaltsreichen und niveauvollen Familienurlaub«. Eingesperrt hinter Stacheldraht und blickdichtem Bewuchs, bewacht von bewaffneten NVA-Soldaten verbrachten vor allem Offiziersfamilien hier ihren garantiert erinnerungswürdigen Alles-inklusive-Jahresurlaub.

Wie gut, dass dies alles lange schon der Vergangenheit angehört – andererseits aber auch die Vielfalt dieser gesamten Region nachhaltig prägt. Da stört es auch nicht, dass wir spätnachmittags das berühmte Cap Arkona nur nach einem ordentlichen Fußmarsch besichtigen können. Auch das macht eine Reise entlang der Ostseeküste so abwechslungsreich und interessant.

Im Juli und August steppt hier der Bär – außerhalb der Ferienmonate kann man Binz und seinen Strand entspannt genießen.

Das Historisch-Technische Museum von Peenemünde begeistert Technikfans, Kap Arkona Naturliebhaber.

Informationen

Streckenverlauf: Von Lübeck kommend: Dassow – Wismar – Halbinsel Poel – Rerik – Kühlungsborn – Bad Doberan – Rostock – Warnemünde – Wustrow – Zingst – Stralsund – Greifswald – Lubmin – Peenemünde – Karlshagen – Zinnowitz – Ahlbeck – Usedom Kernland – Anklam – Greifswald – Stralsund – Rügendamm – Insel Rügen – Poseritz – Putbus – Sellin – Thiessow – Binz – Prora – Sassnitz – Putgarten – Dranske – Wiek – Bergen – Greifswald

Streckenlänge: 780 km (inkl. Anreise von Lübeck)

Ausgangs- und Endpunkt: Greifswald

Anfahrt zum Ausgangspunkt:
Von Süden: A 9 Nürnberg–Berlin und B 96 nach Greifswald, von Westen: A 2 Hannover–Berlin und B 96

Übernachtungen:
Greifswald: Mercure Hotel Greifswald, www.accorhotels.com; **Wustrow:** Dorint Ressort, www.dorint.com

Campingplätze: Campingplatz Loissin direkt an der Ostsee, www.campingplatz-loissin.de

Sehenswürdigkeiten:
Die Mecklenburger Ostseeküste bietet eine abwechslungsreiche Mixtur aus verträumten Fischerdörfern und historischen Kurbädern. Auch bei den zahlreichen Veranstaltungen dreht sich im Grunde alles um das Meer: Internationale Segelwochen wie die »Hanse Sail« oder die »Warnemünder Woche« begeistern regelmäßig die Besucher. In Peenemünde locken z. B. das Historisch-Technische Informationszentrum der ehemaligen Heeresversuchsanstalt im Kraftwerk Peenemünde oder die Freiluft-Ausstellung historischer Flug- und Fahrzeuge auf dem Flugplatz nördlich der Stadt, auf dessen Gelände auch immer wieder Motorradrennen ausgetragen werden.

Badetag mit Strandkorb
In Warnemünde erfand Wilhelm Bartelmann, seines Zeichens königlicher Korbmacher, 1882 den ersten Strandkorb. Und wurde beinahe über Nacht berühmt mit dieser Idee. Reich allerdings nie, vergaß er doch glatt, seine Idee patentrechtlich zu schützen. Dafür eröffnete seine geschäftstüchtige Ehefrau im darauffolgenden Sommer nahe des Warnemünder Leuchtturms die erste Strandkorb-Vermietung. Eineinhalb alte Deutsche Mark kostete damals die Wochenmiete – unter Berücksichtigung des Inflationsausgleichs sowie zahlreicher Währungswechsel ist der durchschnittliche heutige Mietpreis von 80 Euro fast noch akzeptabel.

29 Grenzerfahrungen

Eine Reise gegen das Vergessen

Alljährlich am 3. Oktober erinnern wir uns für ein paar Stunden an die Wiedervereinigung. Doch dieses Ereignis ist eigentlich viel zu bedeutend, um es an gerade einmal einem Tag des Jahres zu zelebrieren – eine Motorradreise entlang der ehemaligen DDR-Grenze ist perfekt geeignet, um auf Spurensuche zu gehen. Und um unzählige Geschichten aus einem heutzutage erfreulich anderen Deutschland mitzubringen.

In Pötenitz vor den Toren Lübecks beginnt unsere Spurensuche. Einstmals auf Sichtweite zueinander standen sie entlang der Grenze aufgereiht wie tödlich graue Zinnsoldaten, diese Betonplatten-Wachtürme mit ihren riesigen Suchscheinwerfern und Todesstreifen. Über Dassow, Selmsdorf und Palingen stöbern wir nahezu im Schritttempo dahin, dann endlich in Schlagsdorf findet sich der erste Hinweis: Eine Schautafel erzählt vom technisch ausgeklügelten, ja todbringenden Aufbau der DDR-Grenzanlagen, von Selbstschuss-Apparaten, Minenfeldern und Kampfhund-Laufbändern. Trotz strahlendem Sonnenschein läuft mir eine fette Gänsehaut über den Rücken.

Am Ortsausgang steht dann einer dieser mausgrauen Wachtürme als hochaufragendes Mahnmal des originalen Grenzverlaufs. Über Kittlitz und Bernstorf schwingen wir nach Zarrentin durch ein Deutschlandbild längst vergange-

ner Tage. Die Dorfstraßen mit ihrer erlebenswerten Mixtur aus Verfall und Erneuerung sind auffallend menschenleer, über Gallin und Lüttenmark geht es in die Fliesenstadt Boizenburg an der Elbe, unserem ersten Etappenziel. Über 750 Jahre hat das Städtchen bereits auf dem Buckel, seit 1945 ist es eine der bekannten DDR-Grenzstädte. Nicht viel erinnert noch daran, man will auch hier lieber vergessen.

Die Elbe teilte das Land

Immer entlang der Elbe lassen wir uns anderntags nach Südosten treiben. Kaum zu glauben, dass dieser träge strömende Fluss derart perfekt zum Westen hin abgeschottet werden konnte. Ein Netz herrlich kurvenreicher Landstraßen begeistert mich ebenso wie die Geschichte der Dorfrepublik Rüterberg bei Dömitz inmitten einer Elbeschleife. Denn in diesem beschaulichen Ort mit Kopfsteinpflasterstraßen und Backsteinhäusern lebte man 22 Jahre lang mit ganz besonderen Repressalien – war Rüterberg noch zusätzlich zum Grenzzaun in den Westen von allen Seiten auch durch meterhohen Stacheldraht vollständig gegen das Hoheitsgebiet der DDR abgeriegelt. Jeder Einkauf, jeder Arztbesuch setzte explizite Passierscheine voraus, und nach 23 Uhr war Rüterberg komplett abgeriegelt. Welch sehenswertes Kuriosum.

Bei Schnackenburg kreuzen wir mithilfe der Elbfähre den Grenzfluss, huschen über Salzwedel zum Museum Burg Brome mit seiner Grenzlandstube sowie dem Grenzlehrpfad bei Böckwitz-Zicherie. Ein winziger Wegweiser führt zu originalen Mauerabnlagen, Stacheldrahtverhauen und entschärften Minenfeldern. Als die Sonne glutrot hinter den

Meilensteine einer Grenzerfahrung: Die legendäre Dorfrepublik Rüterberg und das historische Zentrum von Duderstadt

Nur an ganz wenigen Stellen wie hier in Hötensleben ist der ehemalige Todesstreifen noch beeindruckend original erhalten.

Bäumen versinkt, suchen wir uns im nahen Grafhorst eine Bleibe. Helmstedt-Marienborn war der größte und wichtigste Grenzübergang in den Osten und bei einem Spaziergang über die frei zugänglichen Areale des Grenzübergangs kommt eine ganz eigenartige Stimmung auf. So wie im nahen Hötensleben mit einer der letzten noch existierenden Grenzpatrouillenstrecken samt gewaltigem Wachturm, in dem die NVA-Schergen mit der Lizenz zum Töten warteten.

Balsam für den Blick

Das Städtchen Osterwieck ist Balsam für die bereits auf Betongrau justierten Augen. Prachtvolles Fachwerk schmückt den historischen Kern des Städtchens, dessen Wurzeln über 1200 Jahre zurückreichen. Über Stapelburg und Wernigerode treibe ich das Motorrad am Ostrand des Harzer Hochparks entlang nach Süden. Zwei Wegweiser zaubern plötzlich ein Schmunzeln auf unsere Lippen: Rechter Hand geht es nach Elend, linker Hand nach Sorge – trefflich passende Ortsnamen inmitten des ehemaligen Sperrgebiets! Auch im Grenzlandmuseum Eichsfeld in Worbis kämpft man sehr plakativ gegen das Vergessen – mit zahlreichen Exponaten sowie originalem, einstmals streng geheimem Grenz-Funkverkehr.

Mit einem Besuch in der Lutherstadt Eisenach beginnt der letzte Abschnitt unserer Reise. Oben auf der Wartburg versteckte sich 1521 der von Kirche und Kaiser verbannte Martin Luther als »Junker Jörg«; ja sogar Goethe wohnte 200 Jahre später schon dort oben, und in den engen Gassen der Stadt wurde 1685 kein Geringerer als Johann Sebastian Bach geboren. Von 1952–1991 wurde im nahen Eisenacher Fahrzeugwerk der berühmte Wartburg gebaut und machte die Stadt zu einem der wichtigsten Wirtschaftsstandorte der DDR.

Immer schwieriger wird es, die Hinweise auf unser Thema zu entdecken. Spontan folgen wir dem Fluss Werra nach Süden über Behrungen Richtung tschechische Grenze. Hübsch renovierte, farbenfrohe Häuschen mit adretten Vorgärten stehen in Reih und Glied neben farblosen, nicht selten baufälligen »Datschas«, die auch in 25 Jahren »blühenden Landschaften« keine neue Chance bekommen haben.

Auch rund um Hof an der Grenze zwischen Thüringen und Bayern ist die Euphorie nach der Wiedervereinigung längst vergessen, sind die unhaltbaren Versprechen der Politik als eben solches, unhaltbar, entlarvt. Und dennoch: Kaum eine Reise in Deutschland gestaltet sich abwechslungsreicher und auch spannender als so eine Spurensuche, 30 Jahre nach der deutsch-deutschen Wiedervereinigung.

Marke Eigenbau: Alte Datscha-Garagen und Lagerschuppen in Zarrentin reizen wohl jeden vorbeifahrenden Fotofinger.

»Beauty Shots« einer spannenden Reise: Die »Straße der Befreiung« gibt es vielerorts, das Museum Burg Brome nur einmal.

Informationen

Streckenverlauf: Lübeck – Dassow – Pötenitz – Priwall – Selmsdorf – Herrenburg – Schlagsdorf – Ziethen – Ratzeburg – Kneese – Bernstorf – Zarrenthin – Schadeland – Grewen – Schwanheide – Lauenburg – Boizenburg – Bleckede – Steepelse – Neuhaus – Rassau – Strachau – Bohnenburg – Rüterberg – Dömitz – Bosendorf – Gandow – Wustrow – Bernheide – Wittenberge – Ahrendsee – Binde – Ritzleben Salzwedel – Mellin – Bohme – Zichery – Grafhorst – Helmstedt – Marienborn – Barneberg – Hötensleben – Wackersleben – Anderstedt – Rorsheim – Osterwiek – Stapelburg – Werningerode – Elend – Sorge – Walkenried – Tettenborn – Mackenrode – Weissenborn – Breme – Duderstadt – Wintzigerode – Worbis – Leinefelde – Wiesenfeld – Geismar – Wanfried – Treffurt – Eisenach – Gerstungen – Heimboldshausen – Buttlar – Willmars – Mellrichstadt – Römhild – Hildburghausen – Eisfeld – Rödental/Coburg – Sonneberg – Lichtentanne – Blankenstein – Hof

Streckenlänge:
1300 km

Ausgangspunkt: Lübeck

Endpunkt: Hof

Anfahrt zum Ausgangspunkt: A 1 über Hamburg direkt nach Lübeck

Übernachtungen:
Boizenburg: Hotel-Restaurant Stadt Boizenburg,
www.restaurant-stadtboizenburg.de
Grafhorst: Hotel-Restaurant Krüger,
www.hotel-restaurant-krueger.de
Duderstadt: Hotel Zum Löwen,
www.hotelzumloewen.de

Sehenswürdigkeiten:
Vor allem das Land und seine Menschen sowie der unmittelbare Kontrast zwischen den Dörfern im Westen und den Nachbarn im ehemaligen Osten prägen den unendlichen Reiz dieser Tour. Allerdings spürt man, dass die Erinnerungen an über 40 Jahre Sozialismus kein beliebtes Gesprächsthema sind.

Interessante Infoseiten im Internet zum Thema: Bundeszentrale für politische Bildung, www.bpb.de;
die DDR in Bildern unter
www.ddr-bilder.de;
die DDR-Geschichte unter
www.ddr-geschichte.de

30 Mit dem Motorrad auf Badetour

Müritz, Mücken und Tom-Sawyer-Romantik

Die Diemitzer Schleuse ist das erste Ziel unserer Tour durch die Mecklenburgische Seenplatte – vorbei an Wittstock und hinter dem Rossower Militär-Übungsplatz beginnt eine Seenlandschaft, die zum Naturpark Stechlin-Rupiner Land gehört. Auf verträumten Waldstraßen, oft durch dichte Kiefernwälder, ist die Orientierung nur mit Generalkarte gar nicht so einfach. Abseits der Hauptverbindungswege gibt es an der Seenplatte noch viele Kopfsteinpflasteralleen und sandige Dorfverbindungsstraßen.

In der Nähe der Schleuse trifft man gleich auf mehrere gute Unterkünfte. Wir landen auf dem Bieberferienhof, weil man hier auch Hausboote ausleihen kann. Ohne Netz und doppelten Boden und auf wankendem Steg rollt die Honda auf das Boot und findet ihren Platz. Nachdem wir den Anker gelichtet haben, pöttert das gar nicht mal so kleine Boot vom Hafen in den Labussee. Tom-Sawyer-Feeling kommt auf, denn bei genauem Hinsehen ist alles wie bei Mark Twain: Die Bootsverleiher tragen Lederkutten, Schlapphut und lenken teils barfuß das Boot. Fehlt nur noch das Pfeifchen …

Noch rechtzeitig vor dem großen Ansturm der Mücken legen wir im Heimathafen an. Das Abladen ist schon fast

Routine, die Sonne steht tief, und so bleiben die Honda und ich gleich auf dem (Bieber-)Naturcampingplatz nebenan. Hängematte, Campingmenü, dann kommen die Mücken. Ganz kleine. Nach einer Stunde ist der Spuk im Juni schnell wieder vorbei, und ich beende meinen Ausflug auf den Sandpisten rund um die Diemitzer Schleuse und beschließe den Abend mückenfrei in meiner Hängematte.

FKK-Kultur, Tucholsky und ein Nationalpark

Am Mössensee kommen Gedanken an die DDR-FKK-Kultur auf. Auf schönen Naturcampingplätzen verbringen viele Mecklenburger bei Lübzer Pils, Bratwurst und Blitz Illu das Wochenende. Trabbis und Schwalben sind auch keine Seltenheit.

Den Abstecher von der Zechliner Hütte nach Schloss Rheinsberg kann man gut machen, wenn nicht gerade Wochenende ist. Das Schloss und seine Geschichte sind eng verwoben mit den Hohenzollern und mit dem Literaten Kurt Tucholsky, dem man am Schloss ein Literaturmuseum eingerichtet hat. Vorbei am 1990 stillgelegten KKW Rheinsberg kann man durch das Ruppiner Land hinüber zur Fürstenberger Seenlandschaft traversieren; Fürstenberg ist von Wasser und Häfen fast umschlossen. Das ehemalige Konzentrationslager Ravensbrück birgt heute neben der Gedenkstätte auch eine Jugendherberge und eine Begegnungsstätte. Troja-Entdecker Heinrich Schliemann verbrachte in Fürstenberg ebenfalls viel Zeit.

In der örtlichen Touristeninfo von Neustrelitz laufe ich gleich dem Revierförster in die Arme – ein Glücksfall, denn er kennt alle legalen Wege durch den Müritz-Nationalpark, weiß um schöne Ausblicke auf Endmoränenlandschaften und kann am Ende noch eine Unterkunft anbieten. Aus dem Einbahnstraßenlabyrinth des Ortes entkommen, geht es dann in südöstlicher Richtung in den Müritz-Nationalpark, dessen Waldlandschaft von wenig beschilderten Verbindungsstraßen durchzogen ist.

Staubiges Abenteuer und eine ostdeutsche Schweiz

Hinter Fürstensee und Wokuhl beginnt ein staubiges Abenteuer: Vorbei an haushohen, frisch geschlagenen Stapeln aufgeschichteter Bäume wirbeln entgegenkommende Fahrzeuge meterhohe Staubfahnen auf. Weiter geht's nach Triepkendorf und Goldenbaum. Kopfsteinpflaster, Schotter und

Mopedtransport einmal anders: Was fehlt, ist das Mückennetz.

Tom-Sawyer lässt grüßen: Auf dem Labussee mit dem Bieber-Ferienhof-Floß

Alleen wechseln sich ab, dann wird es wieder kultivierter. Bei Blankensee und Blumenhagen kommt man auch mit dem Cruiser wieder auf seine Kosten.

Bei Prillwitz erscheint nach dem Abstecher zum Liepser See eine große Kormorankolonie. Die Vögel nennen am Kietzwerder nahe dem Schloss eine ganze Insel ihr Eigen. Die ständig wachsende Stadt Waren kann man auch auf winzigen, parallel zur Bahnlinie verlaufenden Wegen erreichen. Ganz reibungslos funktioniert die Abkürzung durch den Müritz-Nationalpark nicht, und ab Klockow ist ein Umweg über die B 192 vonnöten, bis ich durch den Speckgürtel in den touristisch aufgewerteten Stadthafen von Waren gelange.

Das Schloss Ullrichshusen ist ein Tourismusmagnet und liegt einige Kilometer nördlich von Waren. In einem Park mit See gelegen – wie sollte es an der Seenplatte anders sein –, ist es eines der bekanntesten Renaissance-Bauwerke Mecklenburgs. Noch weiter nördlich beginnt die Mecklenburgische Schweiz am verträumt gelegenen Malchiner See, wo man sogar auf so etwas wie kurvige Landstraßen trifft.

Rosendomizil und Lübzer Bier

Westlich geht es Richtung Krakow am See und an die Nossentiner und die Schwinzer Heide, wo man vom kleinen Ort Serrahn bei der Fahrt durchs Nebeltal ein paar Offroad-Einblicke auf den Krakower See und das Hinterland erhaschen kann. Hinter dem Waldgürtel der Sternberger Seenlandschaft bei Goldberg trifft man auf alte Zäune eines ehemaligen russischen Truppenübungsplatzes, der heute von der Bundeswehr genutzt wird.

Über den Urlaubs- und Museumsort Alt Schwerin am Plauer See endet die Reise vorerst in Malchow, der Stadt am gleichnamigen See. Kleiner als in Waren, aber etwas authentischer liegt hier ein Teil der Backsteinhäuser auf einer Stadtinsel mitten im See. Es gibt viele private Grundstücke am Wasser, Fischerhütten, ein Kloster und eine weit sichtbare Backsteinkirche. Im »Rosendomizil« auf der Stadtinsel wird duftender Kaffee serviert, der den Abschied versüßt.

Nach einem Bad im Plauer See gibt es nur noch einen Stopp an der Lübzer Brauerei, dann verabschieden wir uns von den gefühlt 1000 Seen, den Mücken und der Tom-Sawyer-Stimmung auf der wunderbaren Seenplatte.

Oben: Bodenständig und auch etwas fürs Auge – Das Hotel Am Brauhaus in Waren

Unten: Schneller geht es nicht – Dafür lässt die luftige Bekleidung das Tempo höher erscheinen.

Informationen

Streckenverlauf: Wittstock – Diemitzer Schleuse – Labussee – Mössensee – Zechliner Hütte – Schloss Rheinsberg – Fürstenberg – KZ Ravensbrück – Neustrelitz – Wokuhl – Triepkendorf – Goldenbaum – Blankensee – Prillwitz – Liepser See – Kietzwerder – Klockow – Schloss Ullrichshusen – Malchiner See – Serrahn – Krakower See – Alt Schwerin – Malchow – Lübz

Streckenlänge: Ca. 375 km

Ausgangspunkt: Wittstock

Endpunkt: Lübz

Anfahrt zum Ausgangspunkt: Berlin-Müritz = 140 km, Anreise von Hannover: 300 km, von Hamburg: 200 km

Übernachtungen: Bieberferienhof, www.biberferienhof.de; **Bollewick:** Scheunen-Hotel »Zur Scheune«, www.landhotel-zur-scheune.de

Campingplätze: Bieberferienhof (s. o.); Naturcampingplatz am Labussee, www.biberferienhof.de

Treffs: Racetrack Airbase Wittstock – Alt Daber; Landgasthof zum Hahnenschrei

Sehenswürdigkeiten: Seen, Strände und Pisten der Müritz; Kurt-Tucholsky-Literaturmuseum im Schloss Rheinsberg; Schloss Ullrichshusen; Burg und Hotel Schlitz; Schloss & Hotel Schorssow, Führung im ehemaligen Kernkraftwerk Rheinsberg, www.ewn-gmbh.de Fusion-Gelände Militärflugplatz in Lärz: www.fusion-festival.de

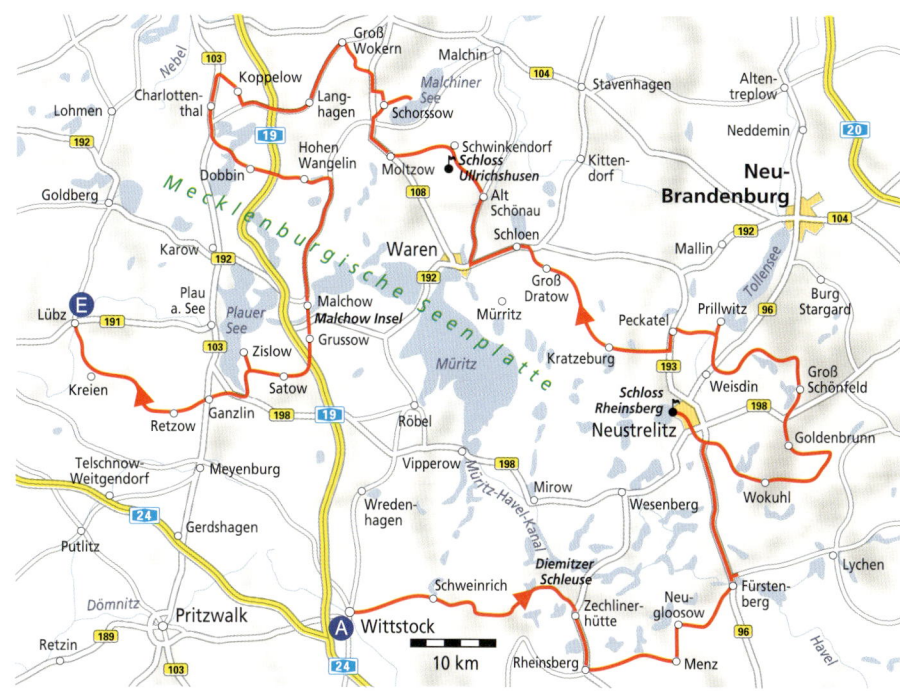

Schloss Ullrichshausen ist bekannt für seine Festspiele.

31 Naturparadies an der innerdeutschen Grenze

Altmark & Prignitz begegnen sich an der Elbe

Abgelegen und eingegrenzt vom Hannoverschen Wendland, Meck-Pomm, Brandenburg und Sachsen-Anhalt liegen Altmark und Prignitz in einem nicht nur für Naturliebhaber interessanten Gebiet. Zwischen Hamburg und Potsdam sind die großen Naturparks des Elbe-Urstromtals. Unerreichbar in den 41 Jahren des Sozialismus entwickelten sich im DDR-Grenzgebiet besondere Reservate für Natur und Fauna. Heute ist die Elbtalaue vor allem eines: ein exklusives Revier für seltene Vogelarten – und Biker.

Reiher staken über den Acker, Storche fischen an den Sandstränden der Elbe. Im Elbe-Urstromtal reihen sich fast lückenlos Biosphärenreservate an Naturparks – zwischen Hamburg und Potsdam steht das Elbeufer unter dem Schutz der UNESCO. Vorweg gesagt, Kurvengierige kommen hier nicht direkt auf ihre Kosten, doch angenehm harmonisch lässt es sich dem geschwungenen Lauf von Elbe und Havel folgen.

Gigantischer Eichenwald und eiszeitliche Hügellandschaft

Es fühlt sich an wie in der DDR, das Treffen der Trabant- und IFA-Freunde in Ahlum, das wir spontan auf dem Weg nach Salzwedel besuchen. Durch das Hannoversche Wendland und den gigantischen Eichenwald der Göhrde kommen wir nach Neu Darchau, wo ausgerechnet der einzige für Biker reglementierte Abschnitt der Elbuferstraße beginnt. Ganze

16 Kilometer schwingt sich die am Wochenende gesperrte Straße am niedersächsischen Ufer entlang durch eine eiszeitlich geschaffene Hügellandschaft, die immer wieder Blicke auf das von Buhnen stabilisierte Elbufer freigibt.

Nach Hitzacker wird es wieder ebener, die Elbuferstraße windet sich über Deiche und durch kleinste Dörfer wie Kamerun. Kurz darauf tauchen in der weiten Elbaue der mächtige Stahlbogen der neuen Elbbrücke und rostige Fragmente der Dömitzer Eisenbahnbrücke auf. Zu einer Art Denkmal ist die benachbarte Ruine der fast einen Kilometer langen zweigleisigen Eisenbahnbrücke geworden, deren stählerne Vorlandbrücken bis weit in den Elbestrom hineinreichen.

Die Gorlebener Atommüll-Anlagen machen unweigerlich durch zahlreiche Plakate des Widerstands auf sich aufmerksam. Man muss kein großer Kritiker sein, um zu sehen, wie die ländliche Gemeinde Gorleben durch »Zuwendungen« der Atomindustrie mit Jachthafen etc. gesponsert wurde …

Nach einem Schlossbesuch in Gartow nehmen wir Kurs auf das nahe Höhbeck. An seinen von Obstbäumen bestandenen Hängen steht die anthroposophische Völkel-Mosterei, kurz darauf laufen wir in das von mächtigen Wendlandeichen bestandene Schwemmland ein, in dem eine Fähre hinüber in die Prignitz ablegt. Nicht immer führt die Straße direkt an der Elbe entlang, deswegen lohnt es sich, ab und an mal einen Abstecher zum Deich zu machen. Wir haben sehr schöne Badeplätze entdeckt, das Elbwasser ist nämlich seit einigen Jahren wieder in Ordnung und zum Baden freigegeben. Auch der Wolf wurde hier als fleißiger Schwimmer gesichtet.

Mit Kranichen und Jungstörchen ins Westhavelland
Zur Mittagszeit rollen wir auf Kopfsteinpflaster in Wittenberge ein, direkt an der Elbe. Es verströmt den mondänen Charme einer alten östlichen Elbe-Metropole und ist reich

Links: Wackelige Angelegenheit – Eine Umleitung bei Wittenberge zwingt uns auf eine Pontonbrücke.

Rechts: In Rühstädt lassen sich jährlich knapp 40 Storchenpaare zur Brut nieder.

Wo die deutsche Eiche wächst: Dorfverbindungsstraße in der Altmark

an östlicher Geschichte – überall treffen wir auf Zeugen vergangener Industriekultur. Wenige Hundert Meter weiter im Südosten finden wir am Elbeufer den gründerzeitlichen Industriepark einer alten Veritas-Nähmaschinenfabrik mit kubistischem Uhrturm.

Ab Hinzdorf rollen wir über die abwechslungsreiche Storchenstraße, die direkt ins Storchendorf Rühstädt führt.

Wegen der Bruttreue der Weißstörche kamen auch 2015 über 31 Brutpaare. Der »NaBu« hat ein Besucherzentrum mit allerhand Wissenswertem über den Weißstorch eingerichtet.

Typisch sind die Ortsdurchfahrten in der Prignitz, nicht selten teilt sich im Ort die kopfsteingepflasterte Straße, um eine romanische Kirche von beiden Seiten zum umfließen. Bei Quitzöbel gibt es eine weitere Binnendüne zu bestaunen, doch Vorsicht, hier fährt man sich schnell fest!

Die Hansestadt Havelberg mit ihrem Dom ist eine der schönst gelegenen an der Elbe – Zeit für einen ausgiebigen Mittagstisch direkt am Domplatz. Nicht weit von hier fließen Elbe und Havel zusammen, ein Teil der Altstadt ist deshalb eine Insel. In der Weinbergstraße unten am Weinberg stehen alle Häuser giebelständig, ein typischer Einblick in die Havel-Architektur, doch um zum Gülper See zu kommen, müssen wir umdrehen. Ähnlich wie die Elbe gibt es auch über die Havel nur wenige Brücken, sodass erheblich Umwege fällig werden, wenn man beim Kartenlesen einen Fehler macht.

Elbe-Hopping und Mississippi am Arendsee

Weil sie genau im Kartenknick der Generalkarte liegt, hätten wir sie beinahe versäumt, die Elbfähre Arneburg. Mit Gierseiltechnik geht's ans andere Ufer, und wir sind zurück in der Altmark. Der Fährmann von Sandau bringt uns kurze Zeit später nach Havelberg.

Der nächste Tag beginnt mit einer Eichenallee, die zur Elbfähre Räbel führt. Zwei Hansestädte, Werben und Seehausen, liegen noch auf unserer Route. In Werben finden wir eine kleine Marina für die Rast, dann entfernt sich die Straße allmählich von der Elbe. Arendsee ist der Name eines Ortes und eines ovalen Einbruchsees zugleich, der im ehemaligen Grenzgebiet zwischen Ost- und Westdeutschland liegt. Hier landen 40.000 nordische Wildgänse zwischen. Kalte Winter, warme Sommer: Dann zieht ein Mississippi-Raddampfer an uns vorbei, dessen Rad aber als Attrappe »nur« elektrisch angetrieben ist.

Nach zwei intensiven Tagen Elbe-Havel-Tour schließt sich der Kreis hier beinahe zur Gänze – es ist ein besonderes Erlebnis, vom bevölkerungsarmen Wendland durch die einsamen Elblandschaften von Altmark und Prignitz zu touren und sich wie die Störche im Wind treiben zu lassen.

Eingedeicht: Altmark-Fahrweg im Biosphärenreservat Elbe-Flusslandschaften

Informationen

Streckenverlauf: Salzwedel – Bergen – Sallahn – Pudripp – Göhrde – Pommoissel – Neu Dachau – Elbuferstraße – Hitzacker – Kamerun – Dömitzer Brücke – Gorleben – Vietze – Gartow (Schloss) – Höhbeck – Lenzen – Wustrow – Wittenberge (– Perleberg) – Rühstädt – Haveleck – Havelberg (Dom) – Gülper See – Fähre Arneburg – KKW Stendal – Fähre Sandau – Havelberg – Werben – Seehausen – Arendsee

Streckenlänge: Ca. 430 km

Ausgangspunkt: Salzwedel

Endpunkt: Arendsee

Anfahrt zum Ausgangspunkt: BTE / ÖBB Autoreisezug nach Hamburg-Altona oder über Autobahn und Bundesstraße nach Salzwedel oder Stendal

Übernachtungen:
Lenzen: Burghotel Lenzen, www.aheadhotel.de; **Wittenberge:** Hotel Alte Ölmühle Wittenberge, www.oelmuehle-wittenberge.de

Campingplätze: Camping Havelberg (auf der Spülinsel), www.campinginsel-havelberg.de; Camping Bankerhof, www.bankerhof.com

Treffs: Kuhfelder Hof Route 248; »Bei Tania« in Kaarßen

Sehenswürdigkeiten: Binnendünen Klein Schmölen (bei Dömitz/Gaarz) und Quitzöbel; Hansestädte Havelberg, Perleberg, Seehausen; Gartower Schloss; ausgedehnte Waldgebiete (Göhrde); Weinberg von Hitzacker; Elbuferstraße zwischen Neu Darchau, Dömitz und Gorleben; Dömitzer (Eisenbahn-)Brücke; Elbholz; Storchendorf Rühstädt; Wittenberge; Arendsee und Gülper See; Tangermünde (Altstadt)

Elbfähren und Brücken

- Gierseilfähren oder Rollfähren gibt es an der Elbe noch in Rathen, Räbel/Werben, und Arneburg.
- Bleckede – Neu-Bleckede: Mo–Sa 5–23 Uhr, feiertags 9–21 Uhr
- Höhbeck/Wendland, Pevesdorf – Lenzen: 8–22 Uhr, ab Oktober bis 19.30 Uhr
- Schnackenburg – Lanz (Lütkenwisch): 8–21 Uhr (Wochenende)
- Gierseilfähre Räbel – Werben (Havelberg): 7–20 Uhr, bei Hochwasser bis 18 Uhr, bei Hochwasser andere Abfahrtsstellen und Motorbetrieb, Tel. 0173/248 67 95

Stillleben mit Simson:
Der Ost-Kiosk als Quell der Freude

- Elbfähre Arneburg (Gierseilfähre): Mo–Fr bis 18 Uhr, Sa/So 10–19 Uhr, Tel. 0172/802 41 15
- Elbfähre Sandau (Gierseilfähre): 7–21.30 Uhr, Tel. 0170/441 52 21
- Elbbrücken: Nur in Lauenburg, Dömitz, Wittenberge, Stendal/Tangermünde

32 Oderbruch

Durch den »Gemüsegarten von Berlin«

In die Schlagzeilen kam der Oderbruch 1997 und 2002, als dort die Jahrhunderthochwasser Wiesen und Felder überfluteten und viele Menschen aus den Häusern vertrieben. Inzwischen hat sich das Leben wieder normalisiert, aber jedes Jahr macht sich erneut Angst breit. Dabei gehören Überschwemmungen dort eigentlich zum Alltag der Menschen. Schon seit der Eiszeit vor 20.000 Jahren transportiert die Oder Schmelzwasser aus den Sudeten und in Jahrtausenden entstand eine sehr fruchtbare Auen- und Sumpflandschaft.

Erst als vor etwa 250 Jahren Preußenkönig Friedrich II. den Oderbruch trockenlegen ließ, wurde aus einer sumpfigen Wildnis fruchtbares Ackerland und bald der Gemüsegarten für Berlin. Die Oder mit ihren Auen, Deichen und Fließen ist eingebettet in eine reizvolle Landschaft, die sich entweder zu markanten Höhenzügen wie bei Lebus aufschwingt oder sich als Niederung bis 20 Kilometer Breite am Fluss entlangzieht – für Motorradfahrer ein ideales Gelände, wo sich ein schwungvolles Asphaltband zwischen Getreide- oder Sonnenblumenfeldern schlängelt und nur in den verschlafenen Dörfern noch Kopfsteinpflaster übrig geblieben ist.

Kurz nach Angermünde mit seiner alten Stadtmauer und dem Pulverturm umgibt mich wellige Landschaft, allerlei Gebüsche begleiten die Straße, und der spitze Kirchturm von Parstein zeigt mir die Nähe des Ortes. Hier verlockt der Parsteiner See, ein Eldorado für Wasserratten und wegen seiner Sauberkeit berühmt. Wer zum Wandern aufgelegt ist, dem empfiehlt sich ein Abstecher zum Pehlitzwerder. Hier befinden sich Reste des Vorgängerbaus vom Kloster Chorin und alte Baumriesen von seltener Schönheit. In mehreren Kurven schlängelt sich die Märkische Eiszeitstraße zwischen Mischwäldern abwärts, ich nähere mich der Alten Oder und der wichtigsten Siedlung im Niederoderbruch. Erstmals 927 als slawisches Dorf Barsdyn erwähnt, bauten Anfang des 13. Jahrhunderts die Askanier auf dem heutigen Albrechtsberg eine Burg und 1231 gilt als Gründungsjahr von Oderberg. Als ich mich dem Fluss bei der Brücke nähere, fällt mir am Ufer ein Schiff auf feuchtem Grund liegend auf, es gehört zum Heimat- und Binnenschifffahrt-Museum.

Birkenalleen und Sonnenblumenfelder

Bald umgibt mich der Neuenhagener Sporn, ein Schwemmsandwall zwischen zwei Endmoränenzügen, wo der Oder ein neues Bett gegraben wurde und vor 250 Jahren die Trockenlegung des Oderbruchs begann. Durch eine schöne Allee fahre ich weiter, wo die Bäume nicht so dicht stehen, kann ich den Blick in eine weite Landschaft mit Feldern und Bauminseln genießen. Obwohl die lang gezogene Streckenführung schnelles Fahren ermöglicht, genieße ich die Weite, eine herrliche Birkenallee begleitet mich nach Neureetz. Alte Fachwerkhäuser und schmuckvoll verzierte Vorgärten mit Buchsbaumeinfassungen der Beete geben diesem Dorf

seinen ganz besonderen Charakter. Zur Rast lädt ein Sitzplatz bei Neumädewitz ein, dann mache ich mich wieder auf den Weg durch die schöne Landschaft. Pappelalleen unterbrechen die großen Äcker, von Altlewin nach Niederbarnim nimmt mich eine herrliche Eichenallee auf, und in Groß Neuendorf betrachte ich vom Damm beim alten Hafen die Weite der Oderniederung. Obwohl die gut ausgebaute, fast geradeaus führende Straße eine ideale Rennstrecke ist, lasse ich mir Zeit. Die leuchtend gelben Sonnenblumen auf den Feldern gleichen dem Gemälde van Goghs und bieten vor dem blauen Himmel mit den schnell dahinziehenden Wolkenfetzen einen romantischen Anblick. Wer könnte da nicht ins Schwärmen geraten. Der Sonnenblume widmet Golzow jährlich ein Fest, das meist Mitte September stattfindet und vielleicht auch ein Grund ist, zu einer Motorradtour in den Oderbruch aufzubrechen.

Hinter Manschnow schiebt sich links eine grüne Kulisse ins Blickfeld, es sind die über 80 Meter hohen bewaldeten Endmoränen, die am Horizont eine Barriere bilden. Am Steilhang einer zur Oder abfallenden Hochfläche liegt Lebus, von 1124 bis zum Ende des 13. Jahrhunderts Bischofssitz, die Kirche St. Marien ist allerdings erst 1810 gebaut worden. Kurz danach erreiche ich Frankfurt/Oder, Grenzort und wichtige Straßen- und Eisenbahnverbindung nach Polen. Bereits im Mittelalter war es wegen seiner Lage an wichtigen Handelswegen von Ost nach West und Nord nach Süd eine der bedeutendsten Städte der Mark. Daran erinnert nicht viel, denn die meisten herausragenden Bauwerke der Blütezeit wurden im Zweiten Weltkrieg zerstört.

Eine Hügellandschaft mit Getreidefeldern begleitet mich nach Norden, in Friedersdorf lohnt sich ein Besuch der Kirche mit sehenswerter Barockausstattung, und in Seelow kreuze ich die B 1, eine alte Reichsstraße von Aachen nach Königsberg. In Gusow suche ich den Hinweis zum Baggersee, zuerst sehe ich allerdings den Wegweiser zum Schloss Gusow, einem Gebäude aus dem 17. Jahrhundert, in dem eine Zinnfigurenausstellung zu besichtigen ist. Am Ortsausgang finde ich endlich beim Motel Derfflinger den Hinweis »Strandbad« und stürze mich dort erst einmal in die Fluten.

Im Oderbruch gibt es immer wieder schöne und lauschige Plätzchen zum Rasten.

In Oderberg finden wir dieses Museumsschiff, das Einblicke in die Binnenschifffahrt vergangener Zeiten vermittelt.

Gemütlich nähere ich mich zwischen Tabakfeldern fahrend Neuhardenberg, dessen Ortsbild von einer lang gestreckten Allee mit Bürgerhäusern, Schloss und Kirche, deren Pläne aus der Feder des klassizistischen Baumeisters Karl Friedrich Schinkel stammen, bestimmt wird. Wer Lust hat, kann von Neuhardenberg aus noch einen Abstecher in die Märkische Schweiz nach Buckow unternehmen, das am Schermützelsee liegt. Bewaldete Hügel und kleine Seen begleiten mich weiter über Altranft, ein Angerdorf mit Fachwerkhäusern, das zum Freilichtmuseum ausgebaut wurde, bis nach Bad Freienwalde. Neben mehreren Kirchen ist hier das Schloss auf dem Apothekerberg zu erwähnen, das von David Gilly als Witwensitz für die Königin Friederike-Luise von Preußen gebaut wurde.

Wieder nimmt mich die Märkische Eiszeitstraße auf, diesmal sind es zahlreiche Kurven, die meine Aufmerksamkeit erfordern, bis ich beim Abzweig nach Niederfinow auf das Schiffshebewerk zusteuere, das einen Höhenunterschied von 36 Metern überbrückt und zwischen 1924 und 1927 errichtet wurde. Dieses gigantische Bauwerk des Oder-Havel-Kanals ist beeindruckend, besonders schön auch die Aussicht von der Plattform auf die Landschaft.

Bei Liepe verlasse ich die Landstraße und fahre auf fester Sandstraße durch einen herrlichen Buchenwald nach Chorin, wo ich das 1270 bis 1273 gegründete Zisterzienserkloster besichtige. Eindrucksvoll ist der Schaugiebel an der Westseite des Langhauses, aber auch der Kreuzgang, in denen spätromanische Details und hochgotische Formen vereint sind. Zur Rast begebe ich mich zur nahen, oberhalb gelegenen Klosterschenke und genieße von dort den Blick auf den Amtssee am Kloster. Auf der gut ausgebauten Fernstraße komme ich wieder nach Angermünde.

Das Zisterzienserkloster Chorin mit seinem grandios gestalteten Schaugiebel an der Westwand des Langhauses.

Informationen

Streckenverlauf: Angermünde – Parstein – Oderberg – Neuranft – Neureetz – Neubarnim – Groß Neuendorf – Letschin – Golzow – Gorgast – Manschnow – Lebus – Frankfurt/Oder – Carzig – Friedersdorf – Seelow – Gusow – Neuhardenberg – Wriezen – Altranft – Bad Freienwalde – Niederfinow – Eberswalde – Chorin – Angermünde

Streckenlänge: 210 km

Ausgangs- und Endpunkt: Angermünde

Anfahrt zum Ausgangspunkt: Autobahn Berlin–Prenzlau A 11, Ausfahrt Joachimsthal und auf der B 198 über Groß Ziethen nach Angermünde

Übernachtungen:
Angermünde: Hotel Am Seetor, www.hotelamseetor.de;
Oderberg: Restaurant & Pension Grüne Aue, www.gruene-aue-oderberg.de;
Letschin: Gasthof Zum Alten Fritz, www.gasthof-zum-alten-fritz.de
Frankfurt/Oder: Pension & Gasthof am Schloss, hotelamschloss-ffo.business.site;
Seelow: Hotel Brandenburger Hof, www.hotel-seelow.de;
Gusow: Hotel Derfflinger Hof, Hauptstr. 33a, 15306 Gusow

Campingplätze: Parstein; Neuküstrinchen; Gorgast; Zechin; Alt-Zeschdorf; Herzsprung bei Angermünde

Sehenswürdigkeiten:
Angermünde: Turm einer slawischen Burg, Heiliggeistkapelle und Marienkirche

Oderberg: Kirche von Stüler, Museum für Binnenschifffahrt
Groß Neuendorf: Alter Oderhafen, schöner Blick auf die Oder
Rathsdorf/Altgaul: Storchenmuseum
Lebus: Reste der Burg, Heimatstube
Frankfurt/Oder: Rathaus mit Prunkgiebeln, Kleist-Gedenkstätte mit Museum, Ruine der Marienkirche, barockes Junkerhaus
Friedersdorf: Kirche mit reicher barocker Innenausstattung
Seelow: Kirche von Karl Friedrich Schinkel
Gusow: Wasserschloss mit Museum
Neuhardenberg: Kirche und klassizistisches Schloss von Karl Friedrich Schinkel, Landschaftspark von Lenné
Altranft: Freilichtmuseum
Bad Freienwalde: Georgenkirche in Fachwerkbauweise von 1696, klassizistisches Schloss von David Gilly, Oderlandmuseum

Im Oderbruch gibt es immer wieder schöne Plätze zum Rasten.

Niederfinow: Schiffshebewerk im Oder-Havel-Kanal
Eberswalde: Forstbotanischer Garten und Tierpark
Chorin: Zisterzienserkloster mit grandios gestaltetem Schaugiebel

125

33 Endurotour durch Teltow-Fläming

Berlins Süden – durch Märkischen Sand

Das Märkische Land, auch bekannt unter dem Landkreis Teltow-Fläming, ist reich ausgestattet mit Endurostrecken. Wegen der großen Motorraddichte Berlins gibt es auch interessante Treffpunkte wie die Scheune in Dobbrikow oder das Caputher Fähr-Café. Die Tour beginnt im Herz der Hauptstadt, führt zu geschichtsträchtigen Orten und Monumenten des Zweiten Weltkriegs und endet am Großen Müggelsee.

Berlin zu verlassen fällt nicht leicht – eine Express-Sightseeingtour per Bike muss sein. Von Reichstag und Brandenburger Tor startend, sollte man einen Blick auf die neu gewonnene Freizeitfläche des alten Tempelhofer Flughafens werfen. Am Berufsverkehr vorbei geht es auf die Avus und ab dem Kreuz Zehlendorf Richtung Potsdam auf Nebenstecken am Templiner See entlang. Eine Alternative für Kulturbewusste ist auch die Route über Potsdams westliche Vorstadt und Schloss Sanssouci. Von dort fahren wir am Werderschen Damm und dann an der Havel entlang und setzen mit der Fähre nach Caputh über, wo das Fährhaus als nettes Sommerlokal fungiert. Als Abstecher eignet sich die Schinkel-Kirche in Petzow, bei der die aussichtsreiche Turmbesteigung ein Muss ist.

Minimalistisches südlich von Berlin

Beim Rangierbahnhof von Seddin ist man ganz raus aus Berlin – und mitten in Brandenburg. Uns steht der Sinn nach Schotter, nach Offroad, nach Märkischem Sand. Am besten sind legale und vergessene Dorfverbindungsstraßen aus Vor-Honecker-Zeiten – besonders südlich von Berlin gibt es noch einige davon. Bei Deutsch Bork setzen wir den Blinker und fahren zum ersten Mal Straßen minimaler Breite; südlich von Treuenbritzen noch vor den Windparks geht es ebenso minimalistisch links ab nach Lüdendorf – und kilometerlang durch den Wald.

Zwischen Kemnitz und Dobbrikow bieten sich erneut echte Sandpisten an, zur Stärkung geht es dann in den Bikertreff »Scheune«. Südlich der Glauer Berge und Sonnenkollektoren liegt das Naturparkzentrum des gleichnamigen Wildgeheges. Um den Glauer Berg herum führt eine Piste nach Siehten, die unsere volle Aufmerksamkeit benötigt. Überall im Umland der Hauptstadt trifft man auf Militär- und Besatzungsgeschichte von den 1930er- bis in die 1990er-Jahre: Zum Beispiel eine Raketenteststrecke der Nationalsozialisten unter Leitung von Wernher von Braun (Heeresversuchsanstalt Kummersdorf, später auch sowjetischer Militärflughafen Sperenberg) oder eine Bunkeranlage des Heeres im II. Weltkrieg (Wünsdorf-Waldstadt), auch bekannt unter dem Namen Bunker-Anlage Maybach, die wir in Wünsdorf ansteuern.

Lange Sandgerade im Mokrinfeld Forst: Parallel zur Autobahn A10 geht es legal durch den Kiefernwald.

Links: Berlin Hauptstadt-Studio – Zwischen Alex und St. Marienkirche geht es los.

Rechts: Action! Unterwegs auf märkischem Sand mit Tourguide Alper

Kuhle Wampe in der Mark Brandenburg

Sandtaugliche Reifen solle man in der Gegend von Teupitz aufgezogen haben. Unser Enduro-GPS-Track führt uns auf sandigen Pisten an geheimnisvolle »lost places« durch den Wald, kreuzt die A 13 an der Anschlussstelle Baruth/Mark und führt ab Halbe durch eine Kirschenallee zu den Seen von Groß Köris. Die Seen sind Teil des Naturparks Dahme-Heisdeseen und ein Kleinod für Naturfreunde. Jetzt wird es abenteuerlich: Wir überqueren eine Pipeline-Trasse und crossen über eine sandige Passage parallel zur A 13.

Die längste unbefestigte Gerade steht uns nun aber noch ab Niederlehme bevor. Sie kreuzt die A 10 und führt später über das Totalreservat von Swatzke und Skabyberge herum. In der Nähe der Spree erreicht man – wie einstmals Theodor Fontane – nach viel Märkischem Sand die Mark Brandenburg. Campingfreunde können hier zwischen dem einsam gelegenen Campingplatz D 66 am Schmöldesee oder dem Zeltplatz Kuhle Wampe, nach dessen Geschichte sich ein großer Deutscher Motorradclub benannt hat, wählen.

Selfie mit Reichstag: Enduros als adäquates Mittel für flinke Kurven und sandige Pisten

Havelland, alte Alleenstraße: ganz normaler Dorfverbindungsweg

Informationen

Streckenverlauf: Berlin/Reichstag – Brandenburger Tor (Alex) – Tempelhofer Feld – Avus – Templiner See – Seebad Caputh – Seddin (Güterbahnhof, Offroad-Möglichkeiten) – »Scheune« – Glauer Berge – Siethen – Ludwigsfelde – Zossen, Bunkeranlage Maybach (Wünsdorf Zeppelin) – Teupitz (ab hier häufig offroad) – Pipeline-Schneise – parallel zur A 12 – Spreenhagen – Neu Zittau – Müggelheim – Zeltplatz Kuhle Wampe/ Fähranleger Große Krampe; Abstecher: Großer Müggelsee

Streckenlänge: 300–340 km

Ausgangspunkt: Berlin, Reichstag

Endpunkt: Zeltplatz Kuhle Wampe/ Fähranleger Große Krampe

Übernachtungen:
Dobbrikow: Café Die Scheune, www.cafe-diescheune.de

Campingplätze: Campingplatz D 66 am Schmöldesee, www.campingplatzd66.de; Zeltplatz Kuhle Wampe, Straße zur Krampenburg

Treffs: Spreewaldring Training-Center; Café Die Scheune in Dobbrikow; Eurospeedway Lausitz; Märkisches Buffet Bikertreff, www.maerkisches-buffet.de/

Sehenswürdigkeiten: Natürlich Berlin; Potsdam mit Schloss Sanssouci; Schinkel-Kirche in Petzow; Fläming-Skate (südlich Luckenwalde); Bunkeranlage Maybach (Wünsdorf)

Dorfverbindungsstraße in Brandenburg: Asphalt ist eher die Ausnahme.

34 Pure Entschleunigung im Wendland

Wo die Uhren langsamer gehen: Hannoversches Wendland

Das Hannoversche Wendland ist fast deckungsgleich mit dem Landkreis Lüchow-Dannenberg. Jahrzehntelang wurde es immer nur mit Zonenrandlage und später mit der Endlagerung von Atomabfällen in Verbindung gebracht. Nur 50.000 Einwohner leben hier. Die UNESCO hat das Biosphärenreservat Flusslandschaft Elbe besonders geschützt. Berühmt ist das Wendland wegen seiner unberührten Wälder, der Rundlings Dörfer oder auch, weil man hier so gut die Seele baumeln lassen kann.

Den Uelzener Hundertwasser-Bahnhof kann man nicht verfehlen. Seine Farb- und Formgebung macht ihn unübersehbar. Mit zwei Einzylindern fahren wir direkt ins Wendland, in die ausgedehnten Laubwälder der Göhrde, Norddeutschlands größtem Waldgebiet. Mufflon und Wolf sind hier heimisch und die Deutsche Eiche läuft inmitten von Buchenwäldern zur Bestform auf. Das Jagdschloss Göhrde diente Kaiser Wilhelm II. als Jagdresidenz (zuletzt 1913). Die Jagd war stets erfolgreich, denn das Wild wurde vorher in einem Gatter zum Abschuss zusammengetrieben.

Weiter geht es in einer alten Lindenallee nach Dübbekold und dann zu Deutschlands kleinstem Bahnhof, dem von Leitstade, mitten im Göhrde Forst. Uns führt eine sandige Enduro Piste legal von Nieperfitz dort hin. »Für Straßenmotorrädern nicht zu empfehlen«, sollte man dranschreiben, Deutsche Polizisten kennen und fürchten diesen Bahnabschnitt, denn dort steckte, zuletzt 2011, der Castorzug mit seiner strahlenden Fracht etliche Stunden fest. Protestierende jeglicher Couleur und Altersklasse hatten im Gleisbett eine kalte Nacht verbracht oder stellten sich quer.

Ein Schlenker noch zur Walmsburger Kurve nahe Bleckede, dem Beginn der hierzulande legendären Elbuferstraße – und wir erblicken erstmals die Uferlandschaft des Biosphärenreservats Flusslandschaft Elbe. Am besten ist der Ausblick von den 100 Metern über der den Wasserspiegel liegenden Aussichtsturm Kiepenberg. Wer glaubt, hier ginge es pott eben zu, sieht sich getäuscht! Die Elbuferstraße ist hier die reinste Berg- und Talbahn, die Saale-Eiszeit zeichnet mit ihren Verschiebungen und Endmoränen dafür verantwortlich.

Hitzacker an der Elbe ist im Wendland ein kleines Juwel mit einer Insel-Altstadt voller Backsteinhäuser. Häufig wurde sie vom Elbehochwasser heimgesucht – zuletzt 2002 und 2013. Der Strom kam sieben Meter höher als normal und nur knapp hielt die neu gebaute Spundwand dem Hochwasser stand. Am Fähranleger kursieren unter den Einheimischen immer noch spektakuläre DDR-Fluchtgeschichten, z.B. von einem Versuch mit selbstgebauten U-Boot.

Burg Lenzen – der Ausblick vom Burgturm reicht in vier Bundesländer

Ab Hitzacker verläuft die Elbuferstraße ein Stück auf dem Deich und lässt uns die herrliche Flusslandschaft betrachten. Landsatz, Damnatz, Kamerun – gegenüber liegt, bekannt aus DDR-Zeiten, die Dorfrepublik Rüterberg. Der Ort

lag so nah an der Grenze zur BRD, dass er umzäunt war und Tag und Nacht bewacht wurde. Wir nehmen die neue, 1992 eröffnete Elbbrücke in Richtung Dömitz und verharren wenig später an dem Monument der ehemaligen Dömitzer Eisenbahndrehbrücke. Ihre rostigen stahlgenieteten Rundungen ragen aus der Elbaue empor und wurden kürzlich ihrem Dornröschenschlaf entrissen: Ein niederländischer Investor kaufte das Kulturdenkmal für 300.000 Euro. 1945 zerstört, passierte mit dem noch 600 Meter langen Monstrum bisher nicht viel. Nun soll daraus vielleicht ein Skywalk über der Elbtalaue werden. Nicht weit davon entfernt, bei Klein Schmölen, stoßen wir auf eine Binnendüne. Sie liegt in einer typischen Geestlandschaft, ist gut 30 Meter hoch und kann erwandert werden. Flussaufwärts gelangt man so schnell in die brandenburgische Prignitz in das Städtchen Lenzen. Vor allem die Burg Lenzen ist ein lebendiges Glanzstück, das gleichzeitig als BUND-Zentrum, ahead Burghotel und Besucherzentrum des Biosphärenreservates in Brandenburg fungiert. Vom Burgturm reicht der Ausblick in vier Bundesländer und weit über die Elbe. Im Besucherzentrum erfährt man vom Nutzen der Deichrückverlegung, dem neu angelegten Auwald Hohe Garbe oder wie erschreckend viel Wasser zur Produktion bestimmter Lebensmittel notwendig ist.

Laut schabend legt die kleine Elbfähre Lenzen am Ufer an. Auf der niedersächsischen Seite sehen wir verlockende weiße Elbstrände zwischen den Buhnen. Keine fünf Minuten dauert die motorbetriebene Passage, dann begutachten wir Wasserqualität und Strand. Gleich gegenüber in Pevesdorf gibt es den urigen Lindenkrug, in dem man im Herbst unter fallenden Lindenblättern etwas Leckeres zu sich nehmen kann. Wir kurven durch Obstwiesen hinauf zu einer ehemaligen Funkstelle der Bundespost, von der man West-Fernsehen terrestrisch in die DDR ausstrahlte. Allerdings reichte das nicht bis Dresden, weshalb man in der DDR vom »Tal der Ahnungslosen« redete. Vom hölzernen Aussichtsturm Schwedenschanze schweift unser Blick bis in den äußersten Winkel des Wendlandes, bis nach Schnakenburg.

Elbfähre Lenzen: Schöne Strände
unterhalb des Höhbeck

Dömitzer Eisenbahnhubbrücke:
Bald Skywalk über die Elbtalaue?

»Republik Freies Wendland« aus Protest gegen das Atommüll-Endlager

Die Anwesen der Grafen von Bernstorff im benachbarten Gartow sind kaum zu übersehen. Hier herrscht heute Andreas Graf von Bernstorff über Schloss, Bioladen, Försterei und ausgedehnte Ländereien. Und er ist einer der führenden Köpfe der hiesigen Anti-Atom-Bewegung. Er konvertierte einst vom konservativen Lager zu den Grünen und stellte den Protestlern sogar ein Grundstück am Gorlebener Salzstock zum Salz schürfen zur Verfügung. Wir machen einen Abstecher zum abgelegenen Forsthaus Wirl und stehen plötzlich in einem violetten Meer aus Erika. Die Nemitzer Heide entstand 1975 durch einen großen Waldbrand und hat sich heute zu einem wenig bekannten Kleinod entpuppt. Auf dem sogenannten Mastenweg fahren wir Richtung Gorleben, treffen Pilzsammler und atmen Kiefernduft. Rechts von uns muss im Sommer 1980 die Republik Freies Wendland gelegen haben, das erste Hüttendorf, das aus dem gewaltigen Protest gegen das geplante Atommüll-Endlager entstand. Unvermittelt treffen wir auf das ehemalige Greenpeace-Schiff »Beluga«. Es wurde 2013 in einer Nacht-und-Nebel-Aktion auf einen Tieflader verladen und hier vor dem Eingang des Erkundungsbergwerks Gorleben als Mahnmal installiert. Beluga-Dreieck heißt seither der Platz, an dem die Arbeiter des Erkundungsbergwerks jeden Tag vorbeimüssen.

Nicht weit von der beschaulichen Kreishauptstadt Lüchow kommen wir an den Vorzeige-Rundlings Dörfern Satemin und Lübeln vorbei. Rundlinge heißt die markante Siedlungsform der Wenden, die durch die kreisförmige Bebauung giebelständiger Fachwerkhäuser auffallen. Meist führt nur eine zentrale Straße in den geschützten Rundling. So erfahren wir in Lübeln von deren Migrationshintergrund. Die slawischen Wenden wanderten im 12. Jahrhundert aus dem Osten ein. In der Elbeniederung wohnten damals wie heute nur wenige Menschen und so fanden die fleißigen Einwanderer hier ihren Platz. In der Siedlungsphase gelangten sie durch Flachsanbau und Weberei zu relativen Reichtum. Charakteristisch sind im Wendland die reetgedeckten Zwei-, Drei- und Vierständer-Fachwerkhäuser.

Rund 80 Rundlings Dörfer gibt es heute im Wendland. Besonders die ungewöhnlich klingenden Namen verraten ihre slawische Herkunft. Die Endungen auf -ow und -itz deuten auf ihre Zugehörigkeit zur polabische Sprache (po = an, Laba = Elbe) hin. Im Wendland klingt das oft wie Poesie, so fahren wir durch »Nadlitz und Schnadlitz, Thunpadel, Kröte, Kamerun oder Tolstefanz«. Lübeln birgt ein Freilichtmuseum zum Thema Rundlings Dorf und unser »Kartoffelhotel«, in dem wir die Ruhe des Abends feuern und bei Neumond den zertifizierten wendischen Sternenhimmel so richtig genießen können. Auf unserem Rückweg nach Uelzen finden wir sie noch, die Showkurven des Wendlands: Ganze vier Haarnadelkurven liegen nahe Clenze unvermittelt im Wald. Ein schöner Abschluss unserer Tour, bei der wir Kurven allerdings nicht sehr vermisst haben. Das Land der Wenden bietet trotz oder gerade wegen der geringen Bevölkerungsdichte genug Reize.

Links: Ahead Burghotel Lenzen: Feinschmeckerküche und BUND Zentrum, hier mit Eulenspiegel

Rechts: Beobachtungsturm des BUND Lenzen – Früher ein DDR Wachturm

Informationen

Streckenverlauf: Hundertwasserbahnhof Uelzen – Göhrde – Breeser Grund – Dübbekold – Leitstadte (Walmsburger Kurve) – Elbuferstraße – Aussicht Kiepenberg – Hitzacker/Jeetzel – Elbuferstraße – Dömitzer Brücke – Dömitz/Rüterberg – Binnendüne Klein Schmölen – Klein Wootz – Lenzen – Burg Lenzen – Schwedenschanze – Völkel – Schnakenburg – Gartow (Forsthaus Wirl, Prezelle) – Nemitzer Heide – Beluga/Gorleben – Lüchow – Satemin – Lübeln – Jameln – Kussebode Wendlandbräu – Kaffeemühle/Blockhütte – Uelzen

Streckenlänge:
330 km

Ausgangs- und Endpunkt:
Hundertwasserbahnhof Uelzen

Anfahrt zum Ausgangspunkt:
Über A 7 bis Soltau und B 71 oder über Lüneburg (B 216)

Einkehrmöglichkeiten:
Das Alte Haus Jameln (Mediterrane Küche im Reetdachhaus)
Wendlandbräu: Öko Craft-Bier aus dem Wendland: Kussebode, geöffnet Fr./Mo., jeweils 15–18 Uhr, www.storchenbier.de

Übernachtungen:
Empfehlenswert sind das Kartoffelhotel in Lübeln, die Ahead Biohotel Burg Lenzen in Priegnitz und das Biohotel Kenners Landlust in Göhrde.

Campingplätze:
www.elbtalaue-camping.de
am Laascher See
Heuhotels Wendland ab 15 €,
www.region-wendland.de/unterkuenfte/heuhotel/

Treffs:
Blockhütte Clenze (im Sommer), Wendlandbräu Kussebode

Streckensperrungen:
Die Elbuferstraße ist für Motorräder an Wochenenden und Feiertagen zwischen Drethem und Hitzacker gesperrt.

Sehenswürdigkeiten und Infos:
Touristische Informationen:
Wendland: www.wendland-elbe.de
Tourismusverband Prignitz:
www.dieprignitz.de
Urlaubsregion:
www.wendland-elbe.de
Neben dem Genießen von nahezu unberührter Natur sollte sich der Besucher die Rundlings Dörfer Schreyahn und Satemin ansehen sowie das dazu passende Freilichtmuseum in Lübeln, außerdem die Fachwerkstädte Hitzacker, Dannenberg und Lüchow. Im Frühjahr lohnt der Besuch der »Kulturellen Landpartie« in über 80 Wendenorten.

Alleenstraßen im Wendland: oft findet man sie auf verträumten Nebenstrecken

Elbfähren: www.bit.ly/39E0yo1
(Lenzen: 8–22 Uhr, ab Oktober bis 19.30 Uhr, 3 €).
Elbbrücken nur bei Lauenburg, Dömitz, Wittenberge

35 Herrlich grüne Lunge

Unterwegs zwischen Wald und Weltraum

Das Vogtland ist die immergrüne Lunge Sachsens. Stolz auf diesen Reichtum der Natur tragen viele Orte deshalb die Silbe »grün« im Namen. Verbunden sind sie durch höchst kurvenreiche Landstraßen – ein geradezu ideales Revier für alle Arten von Motorrädern. In diesem Kapitel erkunden wir das idyllische Vogtland ganz intensiv. Das ist so gesund, dass die Benzinkosten eigentlich von der Krankenkasse übernommen werden müssten ...

Als Johann Wolfgang von Goethe im Juli 1795 in Plauen weilte, soll er tatsächlich keine Zeit für einen Besuch in der »Matsch« gehabt haben, Plauens ältester Gastwirtschaft gleich rechts neben dem Rathaus. Ein Schild über dem Eingang mit einem bedeutungsschwangeren Ausrufezeichen lässt erahnen, dass man ihm das bis heute nicht verziehen hat. Dabei empfiehlt sich das sehenswerte Städtchen bis in unsere Tage als perfekter Tourenstandort. Das Alte Rathaus von 1382 bekam nach dem verheerenden Stadtbrand von 1548 seinen hübschen und viel fotografierten Renaissancegiebel, und der weitläufige Marktplatz begeistert seit dem Mittelalter mit seinem historischen Ambiente.

Vom Grün hinauf zum Himmelsblau

Dann geht es hinaus aus der Stadt. Nichts als Felder, Wiesen und Wälder breiten sich vor dem Motorrad aus, und in einem weiten Bogen pendeln wir im Uhrzeigersinn durch den Süden der Region, durch die Vogtländische Schweiz und das Obere

Vogtland mit seinem stillen, einsamen Grenzland zu Tschechien. Mechelgrün, Jansgrün, Poppengrün – über 70 vogtländische Ortschaften tragen die Silbe »grün« im Namen. Den Grund dafür sehen Sie auf unserer Bildauswahl. Auf einsamen Landstraßen geht es durch schattige Wälder und entlang weiter Kornfelder Richtung Falkenstein, einer beschaulichen Kleinstadt, deren Wurzeln immerhin bis in das Jahr 1362 datieren.

Geradewegs himmelwärts geht es dann im Dörflein Morgenröthe-Rautenkranz – welch ein ausnehmend hübscher Ortsname! Gleich am Eingang begrüßen uns Waldwichtel und Astronaut, Hammer, Eisen und Feuer, die Symbolträger dieser ehemaligen Bergsiedlung. 1937 wurde hier Sigmund Jähn geboren, 1978 immerhin Deutschlands erster Mann im All. Was lag da näher, als diesem Ereignis ein neues touristisches Ziel zu bauen – die Deutsche Raumfahrtausstellung. Auf gut ausgebauter Strecke geht es südlich nach Markt-

Entspanntes Genusstouren: Das Vogtland – hier bei Schönfels – ist ein perfektes Revier auch für »tieffliegende« Chopper.

Sehenswerte Geschichte: Die alte Schule von Tannenbergsthal beherbergt heutzutage Existenzgründer und Jungunternehmer.

neukirchen und hoch hinaus zur weithin sichtbaren Bismarcksäule, die zur Erinnerung an den berühmtesten deutschen Reichskanzler auf einer 620 Meter hohen Bergkuppe über die Wälder des Vogtlandes blickt. Über Adorf und Mühlental erreichen wir Oelsnitz und Schloss Voigtsberg. Das um 1249 erbaute Schloss wurde einst als Amtssitz, aber auch als »Gefängnisanstalt für Weiber« genutzt. Nun ja. Über Burgstein, Töpen und Tanna cruisen wir spätabends heim nach Plauen.

Koloss trifft Koloss

Tour Nr. 2 führt uns zunächst über Helmsgrün, Elsterberg und Sachswitz zur gewaltigen Göltzschtalbrücke, der immerhin größten Ziegelbrücke der Welt im Südosten von Greiz. 26 Millionen Ziegelsteine – von mir nicht nachgezählt! – wurden hier zwischen 1846 und 1851 verbaut. Gegen diese Dimensionen sieht selbst mein Powercruiser wie ein geschrumpftes Kinderspielzeug aus.

Über Reichenbach im Vogtland geht es weiter Richtung Osten, etwas schüchtern linst Burg Schönfels von einer bewaldeten Kuppe zu uns herüber. Satte 800 Jahre hat diese ehemalige Grenzfeste bereits auf ihrem Buckel, ein Museum, eine Freilichtbühne sowie zahlreiche Konzertveranstaltungen halten die historischen Gemäuer lebendig. Via Kirchberg erreichen wir sodann das optische Kontrastprogramm in Form der Talsperre Eibenstock. Dort gönnen wir uns eine Verschnaufpause am schattigen Seeufer.

Auerbach gilt als das Zentrum des östlichen Vogtlands. 1282 erstmals urkundlich erwähnt, präsentiert sich uns eine kopfsteingepflasterte Altstadt mit hübschen Bürgerhäusern, Kneipen und Restaurants – perfekt geeignet für einen kleinen Erkundungsrundgang. Über das beschauliche Treuen mit seinem ebenfalls sehenswerten historischen Zentrum erreichen wir spätnachmittags wieder Plauen und lassen den Tourentag in der historischen Altstadt ausklingen. Diesmal auch in der berühmten »Matsch«, denn den Fehler des Kollegen Goethe möchte ich keinesfalls wiederholen!

Faktencheck nötig: Die Göltzschtalbrücke wurde aus 26 Millionen Ziegelsteinen erbaut. Falls Sie es überprüfen mögen, gerne doch.

Informationen

Streckenverlauf: Plauen – Großfriesen – Bergen – Neustadt – Falkenstein – Tannenbergsthal – Morgenröthe-Rautenkranz – Klingenthal – Marktneukirchen – Leubetha – Oelsnitz – Eichigt – Posseck – Münchenreuth – Töpen – Mißlareuth – Tanna – Schönberg – Plauen – Helmsgrün – Steinsdorf – Elsterberg – Göltzschtal-Brücke – Reiz – Neumark – Hirschfeld – Kirchberg – Bärenwalde – Stütz – Eibenstock-Stausee – Auerbach – Treuen – Plauen

Streckenlänge: 430 km

Ausgangs- und Endpunkt: Plauen im Vogtland

Anfahrt zum Ausgangspunkt: Aus dem Süden via A 9 München–Berlin nach Hof und Plauen; aus dem Westen A 5 / A 4 nach Gera und via Bundesstraße nach Plauen

Übernachtungen:
Treuen: Hotel Wettin mit gutem Restaurant, www.hotel-wettin.de; alternativ in **Zwoschwit:** Landhotel Plauen / Gasthof Zwoschwitz, www.landhotel-plauen.de

Campingplätze: Campingplatz Gunzenberg an der Talsperre Pöhl, www.talsperre-poehl.de

Sehenswürdigkeiten:
Ein waches Auge auf all die Pracht des Vogtlands haben die Burgen und Schlösser entlang des Weges, wie z. B. die Burgen Mylau, Schönfels und Voigtsberg, deren Besichtigung sich allemal empfiehlt. Einen ganz anderen, ebenso lohnenden Blick in die jüngste Vergangenheit, in die Gegenwart und auch in die Zukunft gestattet hingegen die erwähnte Deutsche Raumfahrtausstellung in Morgenröthe-Rautenkranz.

Echt hoch hinaus – die Deutsche Raumfahrtausstellung

In einem weitläufigen Gebäudekomplex am Rand von Morgenröthe-Rautenkranz sind alle technischen und geschichtlichen Höhepunkte der internationalen Raumfahrt versammelt. Von den ersten Raketenexperimenten über Geschichte und Technik der Erdsatelliten, von den ersten Männern im All, der amerikanischen Mondlandemission bis zur Internationalen Raumstation reicht das Spektrum der Ausstellung mit Originalraumanzügen und technischen Geräten aus dem Alltag in der Schwerelosigkeit. Und unter freiem Himmel steht ein originaler MIG-21-Kampfjet, mit dem Deutschlands erster Astronaut einst trainierte. Sehenswert!

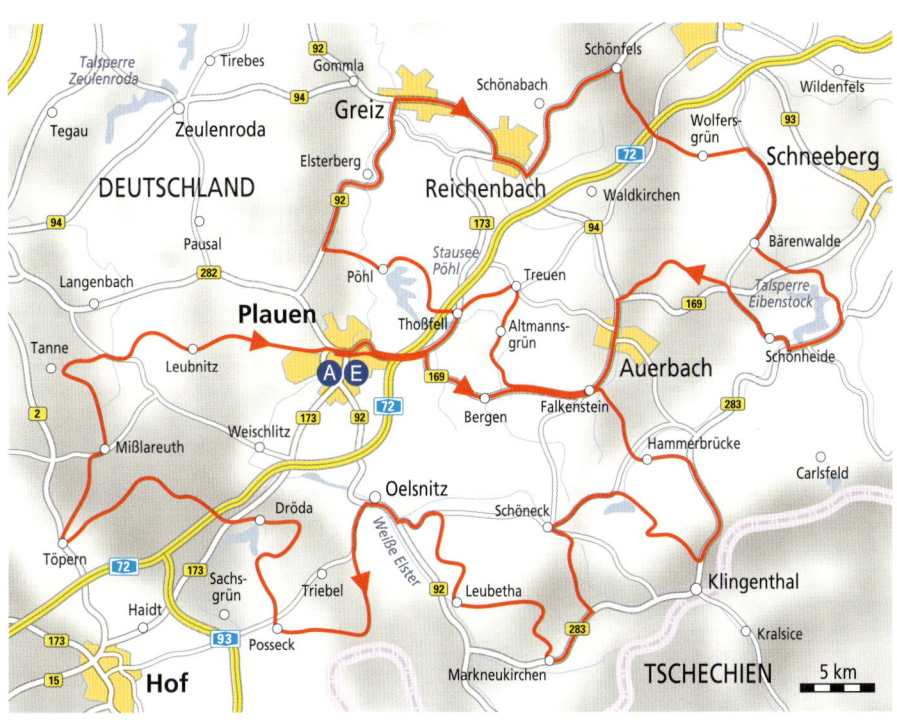

36 Dreieckstour im Thüringer Wald

Herzerfrischend & automobil – zwischen Wartburg, Schleiz und Suhl

Wie das Schleizer Dreieck beschreibt unsere Route mit langer Ost-West-Ausdehnung ein Dreieck aus der Gedenkstätte Point Alpha, der Wartburg und dem Thüringer Meer bei Schleiz. Am Rand von Schiefergebirge und Frankenwald zieht die sächsische Saale ihre Schleifen durch die Täler, und südöstlich schuf die Werra eine tourenfreundliche Vorgebirgslandschaft. Oben drüber führt der »Rennsteig«, Deutschlands populärster Weitwanderweg. Die ländliche Region erhebt sich am Großen Beerberg bis auf 983 Meter.

Das Schleizer Dreieck ist eine alte Rennstrecke mit Patina. Sie verläuft auf öffentlichen Straßen, ähnlich wie jene auf der Isle of Man, und sie wurde bereits mehrfach umgestaltet. Deshalb steht auch heute das Start-Ziel-Gebäude längst nicht mehr an der aktuellen Rennstrecke, ist aber ein guter Punkt für den Tourenbeginn. Zuletzt wurde das Schleizer Dreieck im Jahr 2004 auf einen 3,8 Kilometer langen Kurs verkürzt.

Im Zickzack durch Thüringen

Ein wunderbares Terrain gibt das Thüringer Meer mit seinem Zusammenspiel von Bergen, Saale und gleich mehreren

Stauseen ab. Im mäandernden Zickzack sind wir zwischen Bleilochtalsperre, Burg Ranis und den schönen Liegewiesen am Stausee Hohenwarte unterwegs. In Leutenberg treffen wir auf die bikerfreundliche Einkehrmöglichkeit »Sormitzblick«.

Im Ort Schwarza begegnen sich Saale und Schwarza, deren wildromantischem Lauf wir weiter folgen. Der Tourenverlauf ist nicht genau festgelegt, denn ob man noch weiter dem tief eingeschnittenen Flussbett folgt oder sich weiter nördlich an den Höhenlagen orientiert, ist rein Thüringer Geschmackssache. In Neustadt am Rennsteig steht eine Kursänderung an – wir befinden uns auf kühlen 800 Metern Höhe, mitten am insgesamt 168 Kilometer langen »Rennsteig«. Der ist diesmal keine Rennstrecke, sondern eine Attraktion wie die Thüringer Bratwurst. Gen Süden geht es einsam auf einer einspurigen Kammstraße nach Frauenwald und Steinbach, um dann abrupt hinunter nach Oberrod zu fahren.

Von Hildburghausen wechseln wir ins Werratal. Die Werra wird tangiert und am Englischen Garten von Meiningen gekreuzt, dann peilen wir auf leeren Straßen den Clubtreff vom MC Oechsen an, der als regionaler Club jährlich ein gigantisches Treffen veranstaltet. Einen Bildungsausflug legen wir zwischen dem thüringischen Geisa und dem hes-

Oben: Allein im Wald bei der Auffahrt zur Hohen Geba im südlichen Thüringen

Unten: Die Gaststätte Erholung ist ein thüringisches Wirtshaus mit Preisen wie zu DDR-Zeiten

Gedenkstätte Point Alpha: Bis 1989 US-Beobachtungsstützpunkt und »heißester Punkt« im Kalten Krieg

sischen Rasdorf am Point Alpha ein. Der »Observation Point Alpha« war bis 1989 einer der markantesten Beobachtungsstützpunkte der US-Streitkräfte in Europa und galt im Kalten Krieg als einer der heißesten Konfrontationspunkte.

Eisenach – Dreieck des Fahrzeugbaus

Am Endpunkt der Tour kommt man tatsächlich auch in ein Dreieck des historischen Fahrzeugbaus. Da waren zum einen der DDR-Fahrzeughersteller Wartburg, heute vertreten durch das Fahrzeugmuseum »Automobile Welt« in Eisenach und zum anderen das VEB Gothaer Fahrzeugwerk und die ehemalige Fahrzeugproduktion von Simson in Suhl, zu dem es ebenfalls ein Fahrzeugmuseum gibt. Wer die Wartburg erklimmen will, sollte die Jacke im Koffer lassen: Deutlich über 200 Stufen sind bis hinauf zur Mauer zu ersteigen!

Herbststimmung am Rande der Rhön: Roadster-Feeling mit Blick auf die beiden Gleichberge

Bildstöcke wie diesen gibt es in Thüringen erst an der Grenze zu Franken wieder häufiger.

Informationen

Streckenverlauf: Schleiz – Bleilochtalsperre – Ziegenrück – Burg Ranis – Bucha – Dorfilm – Leutenberg (Sormitsblick) – Kaulsdorf – Bad Blankenburg – Schwarzatal – Oberhain – Egelsdorf – Neustadt am Rennsteig – Frauenwald – Oberrod (A 73) – Hildburghausen – Themar – Bischofrod – Dietzhausen – Kloster Rohr – Meiningen – Herpf – Dörrensolz – Eckardts – Oberalba – Oechsen – Point Alpha – Buttlar – Hämbach – Möhra – Wartburg – Eisenach

Streckenlänge: Ca. 354 km

Ausgangspunkt: Schleiz

Endpunkt: Wartburg/Eisenach

Anfahrt zum Ausgangspunkt: Anreise nach Eisenach über die BAB 4 bzw. nach Schleiz über die A 9

Übernachtungen:
Bad Rodach: Hotel Alte Molkerei; **Leutenberg:** Biker-Herberge Sormitzblick, www.sormitzblick.de; Hotel Müller, www.thueringen.info/hotel-mueller.html

Campingplätze: Strandbad Aga oder Waldcampingplatz Meyersgrund am Rennsteig

Treffs: Waldhotel Schmücke am Rennsteig; Motorradtreffen des MC Oechsen im August (www.mc-oechsen-rhoen.de)

Sehenswürdigkeiten: Leuchtenburg Seitenroda; Schleizer Dreieck/Rennstrecke; Schleiz am Thüringer Schiefergebirge; Burgruine Liebenstein; Wartburg; Schwarzatal; Fahrzeugmuseum Suhl; Automobile Welt Eisenach; Gedenkstätte Point Alpha bei Geisa; einspurige Waldstraßen am Thüringer Meer und bei Frauenwald

Thüringische Tipps
Bergbau: Im Thüringer Wald hatte der Bergbau große Bedeutung, wie zahlreiche Hinweise auf Besucherbergwerke erkennen lassen. An Regentagen empfiehlt sich auf der Route die Marienglashöhle in Friedrichroda.
Weltkulturerbe: Rund 240 Stufen in voller Motorradkluft sind es vom Parkplatz bis auf die Wartburg. Ein gigantischer Blick über Eisenach ist die Mühe wert.
Rennsteig: Dieser 168 km lange Höhenwanderweg nutzt das bis zu 35 km breite Gebirge für eine Gratwanderung. Motorradfahrer beschränken sich darauf, den Steig im ständigen Auf und Ab unzählige Male zu kreuzen, sind doch die kurvenreichen, gut hergerichteten Straßen für sie allemal interessanter. Östlich strecken sich wie kleine Vulkane die beiden thüringischen Gleichberge dem Himmelblau entgegen. 20 km einspurige Waldstraße über Frauenwald hinunter nach Steinbach schließen an, bevor es über Gießübel erneut hinauf zum Rennsteig geht. Ab Neustadt fährt man zügig durch wald- und kurvenreiche Landschaft nordwärts hinunter nach Königsee und stößt in Bad Blankenburg auf die Route ins Schwarzatal.

Wegkreuzung mit Hirsch bei Frauenwald nahe dem berühmten Rennsteig

37 Bock auf Osten!

Sächsisches Burgenland – Ringelnatz lässt schelmisch grüßen

Das Land der Burgen, Schlösser und der Heide ist eine der noch weitgehend unbekannten touristischen Perlen Sachsens. Und es ist die Heimat eines der bekanntesten und bissigsten deutschen Dichters. Dass dessen Verse uns auf der Erkundung dieser abwechslungsreichen Region im Osten Deutschlands begleiten werden, ist nicht nur selbstverständlich – es ist auch ein ganz besonders passendes Vergnügen dieser Reise zwischen Bockwindmühlen und Schüttelreimen.

Etwas außerhalb von Leipzig haben wir im Örtchen Geithain ein gemütliches Basiscamp für die Erkundung des Sächsischen Burgenlands entdeckt – ideal nicht nur für Tour Nr. 1 anderntags in den Norden der Region. Gemütlich cruisen wir über Eulatal und Bad Lausick durch eine Landschaft vollkommen frei von Hektik und Überholspuren. Weite Felder wechseln mit schattigen Waldpassagen, erst der blitzsaubere Marktplatz von Grimma animiert zu einem Bremsmanöver. Sorgfältig restaurierte Fachwerk- und Bürgerhäuser bilden die sehenswerte Kulisse für fliegende Händler, den Kuchen von »Oma Hilde« sowie »Großmutters rustikalen Imbiss«. Echt lecker, so ein Boxenstopp in Grimma.

Frisch gestärkt folgen wir dem Fluss Mulde Richtung Norden und pendeln durch das Muldenland nach Wurzen.

»Jeder spinnt auf seine Weise ...«

»... der eine laut, der andre leise.« Viele Kindheitserinnerungen hat uns der legendäre Joachim Ringelnatz ja nicht hinterlassen, der am 7. August 1883 als Hans Bötticher, Sohn des Chef-Musterzeichners einer Tapetenfabrik, in der sächsischen Kleinstadt Wurzen das Licht der Welt erblickte. Dennoch erinnert sich die Stadt bis heute gern an ihren berühmtesten Sohn, dessen Geburtshaus uns spontan in seinen Bann zieht.

Weiter geht es anschließend über Bad Düben Richtung Grosswig. Eine mächtige Bockwindmühle erhebt sich dort am Ortsrand. Erbaut im 16. Jahrhundert, wurde sie 1760 in einem verheerenden Sturm völlig zerstört, 1847 aber wieder komplett aufgebaut. Ihr Hauptmerkmal ist der einzelne mächtige Pfahl, der »Bock«, auf dem der komplette Mühlenkasten ruht. Auf diesem Bock kann die komplette Mühlenmaschinerie in den Wind gedreht werden.

Eine gänzlich andere Attraktion sind die beiden Damen Jette und Quistel im mächtigen Schloss Hartenfels im nahen Torgau: zwei schwergewichtige Braunbärinnen, die nach jahrhundertealter Tradition im Schlossgraben leben. In Belgern begrüßt uns spätnachmittags dann Herr Roland mit seinem Flammenschwert, ein über fünf Meter hohes Sandstein-Wahrzeichen, das bis weit ins 17. Jahrhundert hinein das stolze Symbol verliehener Stadtrechte darstellte. Der Belgerner Roland wurde 1502 erstmals erwähnt, heute ist er der Letzte seiner Art in ganz Sachsen. Und irgendwie habe ich das Gefühl, er würde uns gern auf unserem abschließenden Ritt in den sächsischen Sonnenuntergang begleiten. Aber mit Zwei-Meter-Haxen ergäbe das einen äußerst schmerzhaften Kniewinkel, ganz gleich auf welchem Motorrad ...

Mein Haus, mein Moped ... Schloss Nischwitz ist unverkäuflich. Aber für eine Kawasaki VN 2000 Classic sicherlich standesgemäß.

Kleine heile Welt: Auch Grimma ist ein schönes Beispiel für eine gelungene Stadtrestaurierung.

noch geheimnisvollen Gemäuer eintauchen. Entlang eben jener Zwickauer Mulde düsen wir weiter nach Colditz, dessen imposantes Schloss früher nicht nur als Armenhaus und Irrenanstalt benutzt wurde, sondern im Zweiten Weltkrieg auch berühmt-berüchtigtes Hochsicherheitslager für prominente Kriegsgefangene war. Die Neffen von Winston Churchill und auch König Georg VI. saßen in diesem einzigen deutschen Knast ein, der mehr Wachen als Insassen hatte.

Noch einmal streifen wir Grimma und wenden uns dann über Zschoppach nach Leisnig und Hartha. Dort begeistert uns das imposante Kaiserliche Postamt als wahres Immobilienschnäppchen – 5000 Euro lautete bei unserem Besuch das Mindestgebot für dieses pralle Stück Zeitgeschichte. Sie sollten allerdings handwerklich begabt sein, die Immobilie ist in schlimmem Zustand. Dennoch sehenswert!

Burgen- und Landschaftsschätze

In weiten Bögen schwingen wir durch die Landschaft. Hinter Waldheim begrüßt uns ein ganz besonderes Doppelpack aus Burg und See: Burg Kriebstein hoch auf steilem Fels und der nahe gleichnamige Speichersee. Die Wurzeln der wohl schönsten Ritterburg Sachsens reichen zurück bis ins 14. Jahrhundert. Im Schornstein des Wohnturms der Burg wurde im Oktober 1986 der berühmte »Schatz von Kriebstein« gefunden: Burgherr Heinrich Graf von Lehndorff hatte im Zweiten Weltkrieg große Teile seines Besitzes in Kriebstein einlagern lassen. Als Beteiligter am Hitler-Attentat wurde er 1944 hingerichtet, und nach Kriegsende kassierte die russische Armee bedeutende Teile seines Schatzes. Aber sie fanden bei Weitem nicht alles – Gold, Silber, Porzellan und ein großer Gobelin blieben bis 1986 unentdeckt.

Der Schatz der nahen Talsperre Kriebstein ist vor allem die idyllische Natur, die den gut 130 Hektar großen See umgibt. Gute Argumente, um dem Motorrad eine ausgiebige Pause zu gönnen, denn der Nachmittag gehört dem abschließenden Cruisen über Sachsens schönste Landstraßen und Alleen zwischen Mittweida und unserer Herberge in Geithan. »Überall ist Wunderland. Überall ist Leben. Bei meiner Tante im Strumpfband, wie irgendwo daneben.« Du hast ja so Recht, Joachim Ringelnatz!

Von Witwensitzen und Irrenanstalten

Die Wurzeln von Schloss Rochlitz reichen zurück bis ins 10. Jahrhundert. Wie ein mächtiger Klotz erhebt sich die Anlage am Ufer der Zwickauer Mulde. Als Residenz des sächsischen Fürstenhauses, als Witwensitz, Justizamt, ja sogar als Haftanstalt wurde das prächtige Anwesen im Lauf der Jahrhunderte genutzt; heutzutage kann man auf Rundgängen tief in die wechselvolle Vergangenheit der immer

Das passt nicht: Auch wenn der Roland von Belgern vielleicht gerne eine schnelle Runde um den Block drehen würde.

Schloss Rochlitz gehört zu den vielen historischen Schätzen des Vogtlandes, die auch eine Führung zu Fuß lohnen.

Informationen

Streckenverlauf: Geithain bei Leipzig – Priesnitz – Bad Lausick – Grimma – Trebsen / Mulde – Dehnitz – Wurzen – Thallwitz – Eilenburg – Laussig – Bad Düben – Dreiheide – Torgau – Arzberg – Belgern – Käthe-Kollwitz-Hütte – Dahlen – Wermsdorf – Thümmlitzwalde – Leisnig – Colditz – Geithain – Rochlitz – Colditz – Grossbothen – Grimma – Leisnig – Hartha – Kriebstein – Rossau – Mittweida – Erlau – Lunzenau – Penig – Russdorf – Altenburg – Scheldiz – Frohburg.

Streckenlänge: 480 km

Ausgangs- und Endpunkt: Leipzig oder Umgebung, z. B. Geithain.

Anfahrt zum Ausgangspunkt:
Aus dem Norden über die A24 Richtung Berlin und A10 / A9 nach Leipzig. Aus dem Westen via A44, A7 und A4 über Eisenach Richtung Dresden. Aus dem Süden über die A9 Nürnberg, Bayreuth Richtung Leipzig.

Übernachtungen:
Geithain: im Hotel Leipziger Land von Jan Brunswig, einem Biker aus Leidenschaft, Bahnhofstr. 11a, Internet: www.hotelleipzigerland.de.

Campingplätze:
Neuseenland-Camping am Markkleeberger See, Internet: www.neuseenland-camping.com

Sehenswürdigkeiten:
Die Burgen und Schlösser – allen voran Hartenfels, Rochlitz, Colditz und Kriebstein – sind nicht nur von außen eine Schau, eine Besichtigung lohnt sich immer. Sehenswert sind auch die um jene Schlösser drapierten Altstädte mit ihren engen Kopfsteinpflastergassen, mit unzähligen Tante-Emma-Läden und Ich-AGs, die uns immer wieder Kostproben der sächsischen Küche bieten. Und draußen auf dem Land versteckt sich eine Vielzahl an alten Rittergütern, herrschaftlichen Landsitzen und bezaubernden Privatschlösschen, die darauf warten, entdeckt zu werden.

Mein Tipp:
Nehmen Sie sich doch eine ganze Woche Zeit für das Burgenland und kombinieren Sie Kurvenhatz mit einem ausgiebigem Sightseeing-Programm. Es lohnt sich.

145

38 Die Deutsche Alpenstraße

Vom Berchtesgadener Land zum Bodensee

Diese Tour nimmt wegen ihrer landschaftlichen und auch fahrerischen Schönheit einen der ganz vorderen Ränge ein. Führt sie doch nicht nur durch einige der schönsten Landschaften Deutschlands – z. B. Berchtesgadener Alpen, Karwendel- und Wettersteingebirge, Werdenfelser Land, östliches und westliches Allgäu, um nur einige zu nennen –, sondern sie bietet auf einigen Streckenabschnitten, wie etwa der Roßfeld-Höhenringstraße, dem Sudelfeld oder dem Oberjoch, auch fahrerische Leckerbissen.

Und wer sich damit noch nicht zufriedengibt, dem bieten sich künstlerische und kulturelle Genüsse, die von prächtig gemalten Häuserfassaden über barocke Kirchen und Klöster bis hin zu den weltberühmten Königsschlössern von Hohenschwangau und Neuschwanstein reichen.

Kurvengenuss mit Steigungspotenzial

Ein letzter Blick auf die Karte, bevor ich in Berchtesgaden den Anlasserknopf meiner Maschine drücke, den ersten Gang einlege und zuerst der Beschilderung »Obersalzberg« folge. Für den zweiten Gang reicht es noch, dann heißt es Drehzahl halten, denn mit 24 Prozent Steigung zählt dieser etwa drei Kilometer lange Streckenabschnitt bis zum Dokumentationszentrum Obersalzberg zu den steilsten Streckenstücken im gesamten Alpenraum.

War bis dahin eher ein kräftiges Drehmoment gefragt, kommen hinter der Mautstelle Ofnerboden die Fahrwerksqualitäten voll zum Tragen, denn die folgenden Kehren hinauf zum Roßfeld – mit 1540 Metern der höchste öffentlich anfahrbare Punkt der Bayerischen Alpen – zählen mit zum Schönsten, was man sich als Sportfahrer wünschen kann.

So schön das Massiv des Watzmanns, der tiefgrüne Königssee und die schmucken Dörfer des Chiemgaus auch sein mögen, mich zieht es hinüber zum Sudelfeld, wo eine weitere bekannte Motorradstrecke auf mich wartet. Kurz hinter Brannenburg sehe ich dann auch schon die Beschilderung »Bayrischzell/Tatzelwurm«, entrichte an der Mautstelle einen geringen Obolus, durchquere die düstere Förchenbachschlucht durch einen noch düstereren Tunnel und lasse mich vom Schild »Gasthof Feuriger Tatzelwurm« nicht ablenken. Die folgenden Kehren hinauf zum Sudelfeldsattel bieten genau die Mischung aus Schräglage und Kurvengeschwindigkeit für Fahrspaß pur. Die wunderschöne Voralpenlandschaft tut ihr Übriges, und so ist es kein Wunder, dass sich das Café Kotz am Sudelfeldsattel als beliebter Motorradfahrertreffpunkt überregionaler Bedeutung erfreut.

Die Abfahrt über die Westseite des Sudelfelds weist zwar nur zwei Kehren auf, dafür fällt der Blick auf die felsigen Südabstürze des Wendelsteins, des bekanntesten Berges

dieser Region. Von Osterhofen im fast schnurgerade verlaufenden Leitzachtal führt eine Seilbahn zum Gipfel mit der Bergstation, Hotel, Sonnenobservatorium und Kapelle.

Spitzingsee und Wallberg

Ohne fremde Hilfe können wir einen anderen beliebten Ausflugsort erreichen, den Spitzingsee. Riesige Hinweisschilder weisen mich bei Aurach auf die hier von der B 307 abzweigende Straße hin, die gleich kräftig mit Steigungen zwischen 12 und 14 Prozent ansteigt. Leider weist ihr Verlauf kaum Kurven auf, sondern zieht recht geradlinig über vier Kilometer nach oben. Doch die ruhige, harmonische Berglandschaft um den kleinen Spitzingsee bietet eine geradezu idyllische Alpenatmosphäre. Etwas eingeschränkt wird diese freilich durch den an schönen Sommerwochenenden herrschenden Verkehr.

Wieder im Talboden angelangt, wechsle ich am Schliersee vorbei hinüber zum Tegernsee, über dessen Südufer sich wie ein gewaltiger Riegel der Wallberg erhebt, auch er ein beliebtes Ausflugsziel winters wie sommers. Motorradfahrer können die 3,5 Kilometer lange mautpflichtigen Panoramastraße bis zum 1100 Meter hoch gelegenen Parkplatz Wallbergmoos benutzen, die nicht nur reizvolle Aussichten bietet, sondern auch fahrerisch recht anspruchsvoll ist und auf der früher Auto- und Motorradsportveranstaltungen ausgetragen wurden.

Zugspitzblick und Ammerschlucht

Eine Mautstraße anderer Art wartet dann nach dem Sylvensteinstausee zwischen Wallgau und Vorderriß. Die 13 Kilometer lange Strecke fordert in erster Linie die Federungsele-

Freie Fahrt für Biker: Das Oberjoch gehört zu den Pflichtterminen süddeutscher Biker, denn es hat uns fahrerisch sehr viel zu bieten.

Unterwegs auf der deutschen Alpenstraße bei Aschau im Chiemgau. Klein im Hintergrund ist Schloss Hohenaschau zu sehen.

mente der Maschine und präsentiert sich mit unübersichtlichem Straßenverlauf, vielen Kuppen, Fahrbahnverengung und Brückenüberfahrten nicht von der allerbesten Seite.

Dafür werde ich etwas später mit einem Blick auf die Zugspitze, Deutschlands höchsten Berg, entschädigt, dessen mächtiges Kalksteinmassiv fast übergangslos aus der Ebene des Werdenfelser Lands herauszuwachsen scheint. Die betriebsame Marktgemeinde Garmisch-Partenkirchen lasse ich links liegen und folge der B 2 Richtung Farchant, um in Oberau die Kehrenstrecke hinauf zum Ettaler Sattel auszukosten, bevor ich vorbei an der riesigen Kuppel von Kloster Ettal ins Ammertal nach Oberammergau überwechsle. Bekannt ist der Ort wegen seiner Passionsspiele, aber auch sonst macht er mit seinen reich bemalten Häuserfassaden einen ansehnlichen Eindruck.

Im nun breiten Ammertal fahre ich über Saulgrub nach Echelsbach, wo die Straße plötzlich einen scharfen Knick nach Westen macht. Tief unter mir hat die Ammer eine Schlucht geschaffen, die ich auf der Echelsbacher Brücke überquere. Den Blick in die senkrecht abfallende Tiefe empfehle ich aber nur schwindelfreien Personen.

Die kurvenreichste Passstraße Deutschlands

Pfaffenwinkel wird das Gebiet zwischen Ammer und Lech im Volksmund genannt, womit etwas ironisch das Wirken des geistlichen Standes ausgedrückt werden soll, das sich hier in zahlreichen Klöstern und Kirchen niedergeschlagen hat. Beeindruckendstes Beispiel ist sicherlich die prächtig ausgestattete Wallfahrtskirche zum Gegeißelten Heiland auf der Wies in Steingaden, besser unter dem Namen Wieskirche bekannt.

Ich bin im östlichen Allgäu angelangt, die Deutsche Alpenstraße neigt sich ihrem Ende zu, und fast bleibt kein Raum mehr, um die weltbekannten Schlösser des »Märchenkönigs« Ludwigs II. Hohenschwangau und Neuschwanstein zu würdigen, an denen die Strecke vorbeiführt. Denn noch wartet die kurvenreichste Passstraße Deutschland: die Auffahrt zum Oberjoch. 106 Kurven und Kehren sollen es sein, die sich von Hindelang bis zur Passhöhe hochziehen, wogegen sich die sieben Kehren des Rohrachbergs hinab nach Lindau am Bodensee verschwindend gering ausnehmen.

Am Lindauer Hafen lasse ich meine Maschine dann vor dem Leuchtturm und dem Denkmal des Bayerischen Löwen ausrollen.

Ein ganzes Bergdorf ruht auf dem Grund des geheimnisvollen Sylvenstein-Stausees. Beim Schnorcheln soll man es sehen können.

Herrliches Allgäu: Derart entspannt und frei von Verkehr

Informationen

Streckenverlauf: Berchtesgaden – Roßfeld-Höhenringstraße – Oberau – Reit im Winkl – Marquartstein – Aschau – Nußdorf – Brannenburg – Tatzelwurm – Sudelfeldsattel – Bayrischzell – Schliersee – Tegernsee – Achenpass – Wallgau – Garmisch-Partenkirchen – Oberammergau – Steingaden – Schwangau – Füssen – Nesselwang – Oberjoch – Markt Oberstaufen – Lindau

Streckenlänge: 493 km

Ausgangspunkt: Berchtesgaden

Endpunkt: Lindau

Anfahrt zum Ausgangspunkt: Autobahn München–Salzburg A 8, Ausfahrt Knoten Salzburg-Süd oder Hallein

Übernachtungen:
Reit im Winkl: Hotel und Gasthof Sonneck, www.hotelsonneck.de;
Tegernsee: Motorradhotel – Seehotel Zur Post, www.seehotel-zur-post.de;
Bayrischzell: Motorradhotel Alpenrose, www.bayrischzell-alpenrose.de;
Murnau: Hotel Ludwig, www.ludwig-am-seidlpark.bavariahotels24.com/de;
Sonthofen: Landhotel Bauer, www.landhotel-bauer.de

Campingplätze: Ramsau; Reit im Winkl; Unterwössen; Bernau; Schliersee; Rottach-Egern; Klais; Oberammergau; Pfronten; Wertach; Lindau

Treffs: Sudelfeldsattel: Schnauferl Wirt 1123er (ehem. Café Kotz), April–Oktober, an manchen Tagen bis zu 500 Biker; Großparkplatz Tatzlwurm ca. 300 m vom Bergasthof Feuriger Tatzlwurm entfernt

Mautgebühr: Rossfeld-Höhenringstraße, 5 Euro. Die Auffahrt durch das Förchenbachtal zwischen Brannenburg und Tatzelwurm ist mautpflichtig. Für Motorräder 2 Euro. Die Straße zwischen Vorderriß und Wallgau ist mautpflichtig. Mautgebühr für Motorrädern 4 Euro.

Sehenswürdigkeiten: **Berchtesgaden:** Salzbergwerk mit Salzmuseum und Floßfahrt auf Salzsee; **Grassau:** Pfarrkirche Mariä Himmelfahrt: **Brannenburg:** Fahrt mit der Zahnradbahn bis auf 1724 m Höhe auf den Wendelstein (1838 m); **Tatzelwurm:** Sehenswerte Schlucht mit Wasserfällen beim Gasthof Feuriger Tatzelwurm; **Osterhofen bei Bayrischzell:** Mit der Seilbahn zur Bergstation in 1742 m Höhe am Wendelstein (1838 m); **Schliersee:** Kabinenseilbahn zur Schliersbergalm mit Sommerrodelbahn; **Ettal:** Benediktinerkloster Ettal, Abstecher ins Graswangtal zum Schloss Linderhof; **Oberammergau:** Passionsspielhaus, Lüftlmalerei an Häuserfassaden; **Steingaden:** Wieskirche; **Schwangau:** Schloss Neuschwanstein, Schloss Hohenschwangau; **Füssen:** Lechfall mit König-Max-Steig; **Sonthofen:** Starzachklamm; **Lindau**

39 Über die Romantische Straße

Vom Main zu den Märchenschlössern König Ludwigs II.

Ob die Kaufleute und Fuhrmänner, die im Mittelalter das kostbare Salz von Würzburg nach Füssen transportierten, diesen Handelsweg als romantisch empfunden haben, sei dahingestellt. Es waren die Fremdenverkehrsmanager der Neuzeit, die diese Strecke zur »Romantischen Straße« erhoben. Unzweifelhaft ist jedoch, dass man der mit Romantik bezeichneten Kunst- und Geistesrichtung aus dem ersten Drittel des 19. Jahrhunderts hier am nächsten kommt.

Selbst weniger Kunstinteressierten dürften die Wieskirche und die bayerischen Königsschlösser Neuschwanstein und Hohenschwangau ein Begriff sein, und auch die Landschaften von den Weinbergen des Mains über das Taubertal zum Nördlinger Ries und bei Donauwörth am Lech entlang bis zu den Allgäuer Alpen sind auf dieser Strecke sehenswert. Nicht zu vergessen natürlich die Städte von Würzburg über Rothenburg, Nördlingen, Augsburg, Landsberg und Schongau bis nach Füssen.

Zu Besuch im Mittelalter

Von Weinbergen begleitet, fahre ich also von der Universi-

tätsstadt Würzburg zur Fechterstadt Tauberbischofsheim und biege dahinter ins Taubertal ab. An dem von Weiden und Erlen gesäumten Fluss entlangfahrend, möchte ich in die Kleinstadt Creglingen, wo es in der Herrgottskirche, an der Straße nach Rothenburg gelegen, mit dem von Tilman Riemenschneider geschaffenen Marienaltar das schönste Kunstwerk der Spätgotik in Deutschland zu sehen gibt.

Ich folge der nun leicht ansteigenden Straße nach Rothenburg ob der Tauber, und wären da nicht die Autos und die moderne Kleidung der Menschen, könnte ich mich ins Mittelalter zurückversetzt fühlen. Fast unverändert hat sich das Stadtbild mit seinen Türmen, Mauern und Wehrgängen, Fachwerkhäusern und verwinkelten Gassen, die teilweise noch bis auf das 13. Jahrhundert zurückgehen, erhalten. Beim Klingentor parke ich im Schutz der Stadtmauer, steige den Wehrgang hoch und stelle mir vor, wie die Stadt von den Landsknechten des kaiserlichen Generals Graf von Tilly belagert und im Oktober 1631 eingenommen wurde. Der Überlieferung zufolge blieb die Stadt vor Plünderung und Zerstörung verschont, weil es dem Altbürgermeister Nusch gelungen sein soll, einen Humpen mit dreieinviertel Litern Wein in einen Zug zu leeren ... Ich begnüge mich mit einem halben Liter Apfelschorle, verlasse das enge Taubertal und fahre in die weite Ebene des Sulzbachtals, aus dem sich die niedrigen Türme von Feuchtwangen fast schüchtern erheben. Die Große Kreisstadt Dinkelsbühl ist da schon viel interessanter, kann sie doch beinahe mit Rothenburg um das am besten erhaltene mittelalterliche Stadtbild wetteifern.

Nördlinger Ries und die Fugger in Augsburg

Wieder tauchen wehrhafte Mauern vor mir auf, diesmal die von Nördlingen. Es liegt mitten im Ries, einem kreisförmigen, völlig ebenen Becken von etwa 18 Kilometern Durchmesser, dessen Rand einen Kranz von bis zu 200 Meter hoch aufsteigenden Jurahügeln bildet. Ganz so hoch ist das höchste Gebäude von Nördlingen zwar nicht, aber die 350 Stufen hinauf zum Daniel (eigentlich Georgsturm), der mit seinen 89 Metern Höhe als Wahrzeichen der Stadt gilt, bringen mich gehörig zum Schnaufen.

Da sitze ich dann doch wieder lieber auf meiner Maschine und folge den reizvollen Nebenstraßen über Höchstädt

Häuslebauers Paradies: Das Fachwerk von Tauberbischofsheim ist an Pracht und Eleganz wohl kaum noch zu toppen.

Legal befahrbare Geschichte: Rothenburg ob der Tauber bietet uns einen einzigartigen Exkurs mitten hinein ins Mittelalter.

und Wertingen nach Langweid, bevor ich mich wieder für die Bundesstraße entscheide, die mich an der Wörnitz entlang nach Harburg bringt, das malerisch in einer Talenge zwischen Fluss und Jurahöhen liegt.

Ich folge der Wörnitz, die in weit ausholenden Schleifen die letzten Ausläufer des Jura überwindet, bis in die ehemalige Freie Reichsstadt Donauwörth und lasse mich von den alten Giebelhäusern (teilweise noch aus dem 16. Jh.) entlang der Historischen Reichsstraße beeindrucken.

Geradlinig zieht die Bundesstraße nun durch die breiten Niederungen des Lechtals bis nach Augsburg, das vor allem mit dem Namen der Familie Fugger verbunden ist, deren Reichtum sowohl auf ihre Handelstätigkeit als auch auf den Besitz von Silberminen in Tirol und Kupferbergwerken in Ungarn zurückzuführen war.

Durchs sonnige Landsberg zu den Königsschlössern

Landsberg, dass sich durch ein Türmepaar über den Baumkronen auf einem steilen Ufer des Lechs ankündigt, ist dagegen dadurch bekannt, dass es laut Deutschem Wetterdienst zu den sonnigsten Städten Deutschlands zählt. Am Hauptplatz stoppe ich, wegen des sehenswerten frühgotischen Schmalzturms, der Fassade des von Domenikus Zimmermann errichteten Rathauses und des schönen Hauptplatzes mit dem Brunnen und der Marienstatue.

Ich folge dem Lechtal, das mit Altenstadt, Schongau und Steingarten noch einige interessante Städte aufweist, und strebe dem Highlight der gesamten Tour zu, den Königsschlössern Neuschwanstein und Hohenschwangau, zu denen die Straße bei Schwangau abzweigt. Im Süden zeigt sich die gezackte Kette der Allgäuer Alpen, dann tauchen sie auf, die schlanken Türme von Neuschwanstein, dem Traumschloss Ludwigs II., das auf einer Felsnadel hoch über der Pöllatschlucht errichtet wurde, während sich Schloss Hohenschwangau unten am Ufer des Alpsees versteckt. Mit den beiden Schlössern erfüllte sich Ludwig II. einen Traum, und auch für mich geht im nahen Füssen eine Reise zu Ende, deren Eindrücke ich noch lange im Gedächtnis behalten werde.

Oben: Das UNESCO-Weltkulturerbe bei Steingaden begeistert sogar Atheisten porentief.

Mitte: Reichlich verwinkelt ist die Harburg, die auf einem Jurasporn oberhalb der gleichnamigen Ortschaft liegt.

Unten: Das Märchenschloss schlechthin, Schloss Neuschwanstein, ein zu Stein gewordener Traum, den sich König Ludwig II. erfüllte.

Informationen

Streckenverlauf: Würzburg – Tauberbischofsheim – Bad Mergentheim – Weikersheim – Rothenburg/Tauber – Wörnitz – Dinkelsbühl – Tannhausen – Wallerstein – Nördlingen – Harburg – Donauwörth – Augsburg – Landsberg – Epfach – Schongau – Hohenschwangau – Füssen

Streckenlänge: 398 km

Ausgangspunkt: Würzburg

Endpunkt: Füssen

Anfahrt zum Ausgangspunkt: Autobahn Nürnberg–Frankfurt A 3, Ausfahrt Würzburg

Übernachtungen:
Würzburg: Gasthof Hotel Anker, www.gasthof-anker.de; **Rothenburg o. d. Tauber:** Hotel Gasthof zur Linde, www.hotel-linde-rothenburg.de; **Augsburg:** Motorradhotel-Pension Goldener Falk, www.goldener-falke.de; **Füssen:** Hotel Filser, www.hotel-filser-fuessen.de

Campingplätze: Bad Mergentheim; Rothenburg/Tauber; Schillingsfürst; Landsberg; Schwangau

Streckensperrung: Im Kurgebiet von Bad Mergentheim (Erlenbachweg) ist das Einfahren mit Krafträdern zwischen 20 und 6 Uhr verboten.

Sehenswürdigkeiten:
Würzburg: Dom, Feste Marienburg, Mainfränkisches Museum mit Werken von Tilman Riemenschneider, Würzburger Residenz; **Tauberbischofsheim:** Rathaus mit Glockenspiel, Kurmainzisches Schloss mit Landschaftsmuseum, St.-Peters-Kapelle; **Rothenburg/Tauber:** Schönstes mittelalterliches Stadtbild Deutschlands, Burggarten, Mittelalterliches Kriminalmuseum, Rathaus am Markt; **Dinkelsbühl:** Mittelalterliche Stadtbefestigung, Münster, historisches Museum im ehemaligen Spitalgebäude, Marktplatz mit sehenswerten Giebelhäusern; **Nördlingen:** Kirchturm Daniel mit Besteigung, Gerberviertel, historische Altstadt, Kirche St. Georg; **Harburg:** Burg Harburg; **Augsburg:** Dom, Fuggerei, Schaezler-Palais mit Gemäldegalerie altdeutscher Meister, u. a. Dürer, Perlachturm in der Altstadt, Maximilianstraße; **Landsberg:** Gotisches Bayertor, Pfarrkirche Mariä Himmelfahrt, Hauptplatz mit Brunnen und Bürgerhäusern; **Schongau:** Pfarrkirche Mariä Himmelfahrt, Ballenhaus am Hauptplatz, mittelalterliche Stadtmauer; **Steingaden:** Münster, Wieskirche; **Hohenschwangau:** Schloss Neuschwanstein, Schloss Hohenschwangau; **Füssen:** Stadtmuseum im Kloster St. Mang, Staatsgalerie im Hohen Schloss, Lechfall mit König-Max-Steig

Der Mutterturm in Landsberg

40 Von den Alpen zur Ostsee

Von der höchsten Alpenstraße Deutschlands zum Timmendorfer Strand

Es ist schon eine eindrucksvolle Unternehmung, worauf Sie sich einlassen, wenn Sie Deutschland von Süden nach Norden, von den Alpen bis zur Ostsee durchqueren wollen. Sie werden so viele neue Eindrücke gewinnen, so viele verschiedene Landschaften kennenlernen und so viele fahrerische Erlebnisse haben, wie Sie es sich vorher kaum hätten vorstellen können.

Die Auffahrt zur Roßfeld-Höhenringstraße gleich zu Beginn dieser Tour ist eine der schönsten Motorradstrecken, die man sich vorstellen kann und deren Kurven und Kehren am Parkplatz Hennenköpfl auf 1540 Metern Höhe, dem höchsten öffentlich anfahrbaren Punkt in den Bayerischen Alpen, viel zu schnell enden.

Vom bayerischen Meer zum Weißwurstäquator

Durch die harmonische Voralpenlandschaft des Chiemgaus gelange ich dann gleich ans Meer, allerdings nur ans bayerische: an den Chiemsee, der mit 80 Quadratkilometern einer der größte Seen Bayerns ist. Mit der Auffahrt über den Tatzelwurm zum Sudelfeld liegt wieder eine fahrerisch äußerst beliebte Motorradstrecke vor mir, wobei der Name Tatzelwurm auf einen feuerspeienden Drachen zurückgeht, der in dieser Region einst sein Unwesen getrieben haben soll.

Hügeliges Moränenland löst die Alpen ab, und ich tausche diese gegen die Seenlandschaft zwischen Ammer- und Starnberger See ein, wobei ich den größten dieser Seen, den

Starnberger See, nur an dessen Südspitze bei Seeshaupt berühre.

Der Pfaffenwinkel, zwischen Lech und Loisach gelegen, hat seinen Namen von der Vielzahl hier verstreuter Kirchen und Klöster mit recht reichhaltigen Kunstschätzen, wobei der Name »Pfaff« eine alte bayerische Bezeichnung für Pfarrer ist. In Augsburg wechsle ich ins Schwäbische über, in den Regierungsbezirk Bayerisch Schwaben, und bin bald in einer hügeligen Landschaft, in der sich Wiesen und Ackerflächen mit Fichten- und Buchenwäldern abwechseln. Die Straße passt sich dem Auf und Ab an und vermittelt mit ihren schönen geschwungenen Kurven mehr Fahrvergnügen, als man hier vermutet.

An der Donau überquere ich den »Weißwurstäquator«, der das ehemalige Königreich Bayern vom übrigen Teil Deutschlands abgrenzen soll. Dies ist natürlich nur spaßhalber so gedacht und bezieht sich in erster Linie auf die bayerische Esskultur, in der die Weißwurst eine wichtige Rolle einnimmt.

Hügellandschaften par excellence

Geografisch bleibe ich noch in Bayern, auch wenn ich hinter Eichstätt in den Regierungsbezirk Mittelfranken überwechsle. Flussaufwärts folge ich der Altmühl in die herrliche

Oben: Topfeben geht es am Südrand des Fichtelgebireges dahin.

Unten: Diese Aufnahme entstand bei Helmbrechts. Solche Landschaftsbilder sind zwischen Alpen und Ostsee immer wieder anzutreffen

Deutschlands höchste Panoramastraße: Das Rossfeld bei Berchtesgaden macht ebenfalls Bikers Seele weit.

Landschaft des Frankenjuras mit seinen von malerischen Burgen überragten Ortschaften. Solnhofen hat seiner Kalkschieferbrüche wegen, in denen immer wieder Versteinerungen vorgeschichtlicher Tiere, darunter auch die des Urvogels Archaeopteryx, gefunden werden, weit überregionale Bedeutung erlangt.

Ich verlasse das Altmühltal, um in die Schweiz überzuwechseln – nicht in die Eidgenossenschaft, sondern in die »Fränkische«, wie der nördlichste Teil der Fränkischen Alb im Volksmund genannt wurde, woraus sich bis heute dieser Eigenname erhalten hat. So hoch wie in der Schweiz sind die Berge hier natürlich lange nicht, aber die Motorradstrecken durch diese Hügellandschaft können als »par excellence« bezeichnet werden.

Die Berge des Fichtelgebirges mit dem 1024 Meter hohen Ochsenkopf sind da schon höher, und durch den Frankenwald geht die Landschaft in das Thüringer Schiefergebirge über, dessen dunkles Gestein man zum Bau der Hausdächer in dieser Region verwendet. Das Thüringer Becken überwinde ich auf geradlinig verlaufender Straße rasch, die waldbestandenen Höhen der Hainleite und der Schmücke zur Rechten tauchen auf, mit der Unstruth durchbreche ich die Thüringer Pforte bei Sachsenburg, dann liegt das Kyffhäusermassiv vor mir.

Vom Stauferkaiser zum Timmendorfer Strand

Der Stauferkaiser Friedrich I. Barbarossa soll dort in einem unterirdischen Schloss schlafen, bis die Raben, die um diesen Berg kreisen, ihn dereinst wecken. Um ihn nicht zu stören drossle ich den Gashahn, bin aber dennoch bald in Niedersachsen, dem dritten Bundesland meiner Reise, wo mich hinter Nordhausen das Okertal, eines der schönsten Täler des gesamten Harzes, empfängt.

Mit Goslar fühle ich mich verbunden, es steht ganz im Zeichen Heinrichs des Löwen, der gleichzeitig auch Gründer meiner Heimatstadt München war. Zu seinen Ehren besuche ich deshalb den Dom zu Goslar, in dem er zusammen mit seiner Gemahlin Mathilde im 12. Jahrhundert seine letzte Ruhestätte gefunden hat.

Dann überquere ich den Mittellandkanal und folge der B 4, die sich an Gifhorn vorbei schnurgerade in die norddeutsche Tiefebene hineinzieht. Anfangs dehnen sich noch stattliche Wälder aus, die aber bald in die Südheide übergehen, wie der südliche Teil der Lüneburger Heide genannt wird. Mir erscheint die Landschaft etwas schwermütig, aber vielleicht bin ich auch von meiner langen Fahrt nur etwas erschöpft oder gar etwas traurig, dass sich meine Reise nun langsam dem Ende zuneigt.

Tellerflaches Marschland zeigt sich wenige Fahrminuten außerhalb von Lüneburg, und über die Große Elbbrücke wechsle ich ins Bundesland Schleswig-Holstein und folge dort der Alten Salzstraße entlang am Ratzeburger See hinauf nach Lübeck. In Mölln, inmitten der Lauenburgischen Seenlandschaft, steht noch ein Besuch im Eulenspiegelmuseum an, das an den Erzvater aller Schalknarren, Till Eulenspiegel, erinnert, der hier im 14. Jahrhundert gelebt haben soll. Ein Katzensprung ist es dann nur noch bis zum Timmendorfer Strand, wo ich meine Maschine vor einer langen Reihe aufgestellter Strandkörbe parke und mit Blick auf die weißen Schaumkronen der Meereswellen meine Reiseerlebnisse gedanklich Revue passieren lasse.

Oben: Ein Bad am Ostseestrand haben wir uns redlich verdient.

Unten: Mölln wurde bekannt durch Till Eulenspiegel, den Erzvater aller Schalknarren.

Informationen

Streckenverlauf: Berchtesgaden – Roßfeld-Höhenringstraße – Ramsau – Reit im Winkl – Aschau – Nußdorf – Oberaudorf – Tatzelwurm – Sudelfeld – Tegernsee – Bad Tölz – Hohenpeißenberg – Landsberg – Augsburg – Neuburg/Donau – Pappenheim – Nürnberg – Neuhaus – Pottenstein – Bayreuth – Blankenstein – Saalfeld – Bad Berka – Weimar –Nordhausen – Wolfenbüttel – Braunschweig – Gifhorn – Faßberg – Munster – Lüneburg – Lauenburg – Ratzeburg – Lübeck – Timmendorfer Strand

Streckenlänge: 1494 km

Ausgangspunkt: Berchtesgaden

Endpunkt: Timmendorfer Strand

Anfahrt zum Ausgangspunkt: Autobahn München–Salzburg A 8, Ausfahrt Salzburg-Süd oder Hallein

Übernachtungen:
Ramsau: Hotel Berghof, www. hotel-berghof.at; **Oberaudorf:** Landgasthof-Hotel Hummelei, www.hummelei.de; **Pappenheim:** Hotel-Gasthof zur Sonne, www.sonne-pappenheim.de; **Goslar:** Berghotel Hahnenklee, www.berghotel-goslar-hahnenklee.com; **Wolfenbüttel:** Hotel-Gästehaus Linden, www.hotel-gaeli.de; **Lübeck:** Hotel Herrenhof, www.hotel-herrenhof.de

Campingplätze: Ramsau; Reit im Winkl; Unterwössen; Bernau; Schliersee; Landsberg; Dollnstein; Pappenheim; Pommelsbrunn/Hohenstadt; Waischenfeld; Lichtenberg; Kelbra; Braunlage; Wolfenbüttel; Faßberg; Munster; Lüneburg

Treffs: Großparkplatz Tatzlwurm: Ca. 300 m vom Bergasthof Feuriger Tatzlwurm; **Sudelfeldsattel:** Schnauferl Wirt 1123er (ehem. Café Kotz), April–Oktober. An manchen Tagen bis zu 500 Biker; **Leutenberg** (zwischen Saalfeld und Lobenstein); **Biker-Herberge Sormitzblick:** an der B 85 bei Rothsfeld zwischen Bad Frankenhausen und Kelbra; **Kyffhäuser:** Samstag und Sonntag, an der B 85 von Kelbra nach Frankenhausen Am Parkplatz, an der B 4 zwischen **Bad Harzburg** und **Braunlage:** täglich nachmittags, Samstag und Sonntag vormittags und nachmittags; **Lübeck:** Raiders Café (Leinweberstraße 4), täglich ab 21 Uhr, Samstag und Sonntag ab 15 Uhr

Mautgebühr: Rossfeld-Höhenringstraße, 5 Euro. Die Auffahrt durch das Förchenbachtal zwischen Brannenburg und Tatzelwurm ist mautpflichtig. Für Motorräder 2 Euro.

Streckensperrung: Im Spindeltal bei Eichstätt besteht ganzjährig Nachtfahrverbot zwischen 22 und 6 Uhr.
Im Kurbereich von Bad Harzburg besteht ganzjährig Nachtfahrverbot zwischen 20 und 6 Uhr.

Sehenswürdigkeiten: Berchtesgaden: Salzbergwerk; **Tatzelwurm:** sehenswerte Schlucht mit Wasserfällen (beim Gasthof Feuriger Tatzelwurm); **Landsberg:** Pfarrkirche Maria Himmelfahrt; **Augsburg:** Dom, Fuggerei; **Nürnberg:** Kaiserburg, alte Stadtmauer mit Toren und Türmen, Verkehrsmuseum; **Bayreuth:** Richard-Wagner-Festspielhaus, Haus Wahnfried mit Richard-Wagner-Museum; **Saalfeld:** Feengrotten, Burgruine Hoher Schwarm; **Weimar:** Goethe-Wohnhaus, Schiller-Haus; **Bad Harzburg:** Bergbahn zum 500 m hohen Burgberg; **Wolfenbüttel:** Lessinghaus mit Museum; **Lüneburg:** Alter Kran an der Ilmenau, Salzmuseum; **Lübeck:** Holstentor mit Museum, Buddenbrookhaus in der Mengstraße; **Timmendorfer Strand:** Strandpromenade, Seewasser-Hallenschwimmbad, Vogelpark in Niendorf

Register

Abtsroda 60
Ahrmündung 73
Ahrtal 70
Ahrweiler 72
Alfeld 85
Allgäu 26
Alpen 154
Alpsee 26
Altenahr 72
Altenau 86
Altenstadt 152
Altmühltal 38, 156
Amelungsborn 83
Ammersee 34, 154
Angermünde 122, 125
Antweiler 71
Arbersee 43
Arbon 11
Arendsee 120, 121
Arlbergpass 28
Aschaffenburg 50, 53
Auerbach 136
Augsburg 150, 152, 155
Aurich 94, 97

Bad Brückenau 59, 61
Bad Doberan 107
Bad Düben 143
Bad Freienwalde 124
Bad Harzburg 89
Bad Kötzting 43
Bad Lausick 142
Bad Orb 59
Bad Schandau 131
Bamberg 48, 51, 52
Bärenhöhle 20
Baukloh 75
Baumannshöhle 88
Bayerischer Wald 42
Bayrisch Eisenstein 43
Bayrischzell 33
Befreiungshalle Michelsberg 24
Beilstein 68
Belgern 143
Benediktbeuern 30, 31
Benediktinerabtei Weltenburg 24
Berchtesgaden 146, 149, 159
Berchtesgadener Land 146
Bergisches Land 74
Berlin 126, 129
Bernstorf 110
Beuron 21
Bikertreff Amorbach 50
Binger Loch 56
Binz 108

Blankenheim 70, 73
Bodenmais 45
Bodensee 10, 26
Bodenwerder 82
Bodetal 89
Boizenburg 111
Boppard 56
Brannenburg 146
Brauerei Rothaus 15
Bredstedt 109
Bregenz 11
Bregenzerwald 28
Bremen 63
Bremer Stadtmusikanten 62
Brocken 86
Brüder-Grimm-Museum 65
Bückeburg 65
Bunker-Anlage Maybach 127
Burg 76
Burg Neurathen 131
Burg Prunn 39
Burg Werenwag 19
Burg Wildenstein 19
Burgruine Dietfurth 19
Burgruine Honberg 18

Café Ahrwind 71
Café Kotz 32
Cap Arkona 108
Caputher Fähr-Café 126
Carolinensiel 96, 97
Cham 43
Chiemgau 154
Chorin 124
Coburg 50
Colditz 144
Creglingen 151

Dagebüll 109
DDR-Grenze 110
Deggendorf 44
Deutsch Bork 127
Deutsche Alpenstraße 146
Deutsche Märchenstraße 62
Deutsche Uhrenstraße 16
Deutsches Eck 55, 68
Deutsches Hopfenmuseum 36
Dhünntal 75
Dinkelsbühl 151
Dobbrikow 126, 127
Dömitz 111, 113, 121, 131, 133
Dollnstein 38
Dom 120

Donau 22, 155
Donaueschingen 22, 23, 25
Donaumoos 24
Donauquelle 23
Donauried 24
Donauwörth 24, 25, 150, 152
Dora-Gedenkstätte 87
Düsseldorf 57

Eckertalsperre 86
Egge 80
Eichsfeld 112
Eichstätt 39, 155
Eiderstedt 100
Einbeck 85
Eisenach 112, 140
Elbe 118, 120
Elbfähre Arneburg 120
Elbufer 118
Elbuferstraße 119
Elefantentreffen 44
Elend 112
Elsterberg 136
Emden 95
Erpfingen 20, 21
Ettaler Sattel 148
Eulenspiegelmuseum 156
Eutin 104

Falkenstein 135
Farchant 148
Faßberg 91
Feldberg 15
Feuchtwangen 151
Flexenpass 28
Frankfurt/Oder 123
Fränkische Alb 156
Fränkische Schweiz 50
Fränkisches Weinland 50
Franz Marc Museum 30
Frauenwald 139
Freiburg 14, 17
Freising 36, 37
Freudenstadt 16
Frickenhausen 50
Fridingen 23, 25
Friedeburg 96
Friedrichshafen 12, 13
Friedrichshöhle 20
Friedrichstadt 100
Fulda 61
Fuldaquelle 60
Fünf-Seen-Land 34
Fürstenberg 86, 115
Füssen 27, 150, 152

Garmisch-Partenkirchen 148
Gartow 119
Gasthaus Bayerwald 25
Gasthof Hotel Post 27
Gauting 35
Geisa 139
Geithain 142, 145
Gifhorn 156
Glottertal 15
Göltzschtalbrücke 136
Goslar 86, 89, 156
Götz-Höhle 61
Greetsiel 95
Greifswald 106, 109
Grimma 142, 144
Große Lauter 20
Großes Walsertal 28
Großheubach 58
Großheubach Trialgelände 59
Grosswig 143
Günzburg 24, 25
Gunzenhausen 38, 41
Gutenstein 19

Hallertau 36
Hamburger Hallig 99
Hameln 65
Hanau 65
Hannoversche Klippen 83
Harburg 152
Hartha 144
Harzer Schmalspurbahn 86
Haßberge 46
Haßfurt 47, 49
Haßgau 46
Havel 120
Havelberg 120
Helmsgrün 136
Helmstedt-Marienborn 112
Hemeln 83
Hermannsdenkmal 79
Hildburghausen 139
Hindelang 148
Historische Reichsstraße 24
Hitzacker 119
Hochrhönstraße 61
Höchstädt 151
Hof 113
Hofheim 46
Hohe Acht 71
Hohe Geba 60
Hohenschwangau 27, 29, 148, 150, 152
Höllental 14
Holsteinische Schweiz 104

Hörnlepass 27
Hunsrück 56
Husum 98, 101

Ilkahöhe 34
Ingoldstadt 23, 24
Iserhatsche 91

Jameln 133
Jever 95
Jonsdorf 132

Kaiserpfalz 86
Kanzelhütte 29
Kassel 64
Kathi-Bräu 52
Kelheim 24, 41
Kemnitz 127
Kesselbergstraße 30
Kiel 103
Kirchberg 136
Kirchzarten 14
Kleinwalsertal 26, 27, 29
Kloster Andechs 34
Kloster Banz 52
Kloster Beuron 19
Kloster Corvey 84
Kloster Möllenbeck 85
Klosterkirche Oberelchingen 23
Klosterkirche St. Benedikt 30
Klosterkirche Zwiefalten 19
Klüt 84
Koblenz 55, 57, 69
Kochel 30, 31
Kochelsee 30
Köln 54, 57, 74, 77
Königsberg 46
Königsschlösser Ludwig II 27
Konstanz 12
Krakow am See 116
Krakower See 116
Kreuzlingen 12
Krummhörn 95
Kuckucksuhren 16
Kufstein 32
Kyffhäusermassiv 156

Labussee 114
Landkreis Lüchow-Dannenberg 130
Landsberg 150, 152
Langweid 152
Leine 82
Leipzig 145
Leisnig 144

Lenggries 31
Lenzkirch 15
Leutenberg 139
Liepser See 116
Lindau 10, 13, 148, 149
Loreley-Felsen 56
Lübeck 104, 105, 113, 156
Lübz 117
Lüchow 130, 132, 133
Lüdendorf 127
Lüneburg 92, 93, 156
Lüneburger Heide 90, 156

Mainau 12, 13
Mainz 57
Malchiner See 116
Marktneukirchen 136
Mecklenburgische Seenplatte 114
Meerhusener Moor 94
Meersburg 13
Meiningen 60, 139
Mespelbrunn 58
Miltenberg 58
Minden 65
Mittweida 144
Mölln 156
Montafon 28
Mosel 66
Moselweinstraße 68
Mössensee 115
Motorradmuseum 82
München 30
Münchhausen 64
Münsingen 20, 21
Müritz 114
Müritz-Nationalpark 115

Naturpark Dahme-Heidseesen 128
Naturpark Obere Donau 18, 22
Negenborn 83
Negertal 75
Nesselwang 27, 29
Neßmersiel 95
Neuhardenberg 124
Neuharlingersiel 96
Neuschwanstein 148, 150, 152
Neustadt 139
Neustrelitz 115
Niebüll 109
Niederfinow 124
Niederlehme 128
Nordfriesland 98
Nordhausen 87, 156
Nördlingen 150, 151

Nördlinger Ries 18, 150
Nossentiner Heide 116
Nürburg 71
Nürburgring 71
Nürnberg 52

Oberammergau 148
Oberau 148
Oberjoch 148
Oberjoch-Pass 26, 27
Oberstdorf 26, 27, 29
Oberwesel 56
Oelsnitz 136
Okertalsperre 86
Osterwieck 112
Ostfriesland 94
Ostharz 86
Ostsee 154
Ostseeküste 102, 106
Ostwestfalen 78
Ottensteiner Hochebene 84
Oybin 132

Paderborn 78, 80, 81
Pappenheim 38
Parsteiner See 122
Passau 24, 25, 45
Paznauntal 28
Peenemünde 107
Petzow 126
Pfaffenwinkel 155
Pfalzgrafenstein 56
Pforzheim 17
Pilsensee 34
Plauen 134, 137
Plauer See 116
Plön 104
Poel 106
Polle 84
Poppenhausen 58
Porta Westfalica 64
Possenhofen 34
Potsdam 126
Prillwitz 116
Priwall 104
Prora 108
Pullman City 2 87
Putbus 108

Quedlinburg 88

Radolfzell 13
Rasdorf 140
Ratzeburger See 156
Ravensbrück 115
Regensburg 24, 25, 42, 45
Reichenbach 136
Reichstag 129

Reinhardswald 64
Rhein 15
Rheinebene 15
Rheinisches Schiefergebirge 55
Rhön 60
Riedbergpass 26, 27
Romantische Straße 150
Roßfeld-Höhenringstraße 154
Roßtrappe 88
Rostock 107
Rothenburg ob der Tauber 52, 150, 151
Rüdesheim 55, 57
Rügen 108
Rühle 82
Rüterberg 111
Rundlings Dörfer 130, 132

Saarland 67
Sababurg 64, 83
Sächsisches Burgenland 142
Sachswitz 136
Salzwedel 111, 113, 118, 121
Sankt Peter Ording 100
Saulgrub 148
Scharfes Eck 23
Schauinsland 15
Schengen 66, 69
Scheyern 36
Schinkel-Kirche 126
Schlagsdorf 110
Schleiz 138, 141
Schleizer Dreieck 139
Schliersee 32, 147
Schlierseer Berge 32
Schloss Neuhaus 79
Schloss Rheinsberg 115
Schloss Sanssouci 126
Schloss Ullrichshusen 116
Schluchsee 15
Schnackenburg 111
Schnakenburg 131, 133
Schneeverdingen 92
Schongau 150, 152
Schotternring 58
Schwäbische Alb 18
Schwalmstadt 65
Schwangau 152
Schwarza 139
Schwarzwald 14
Schwarzwald-Hochstraße 16
Schwerin 116
Schwinzer Heide 116

Sebnitz 131
Senne 78
Sieben Steindörfer 93
Sierksdorf 103
Sigmaringen 19, 21, 25
Silvretta-Hochalpenstraße 28
Sinzig 73
Skabyberge 128
Solling 82
Solnhofen 41, 156
Spechtswald 58
Spessart 58
Spitzingsee 147
St. Goar 56
St. Märgen 15
Starnberger See 34, 154
Steigerwald-Höhenstraße 51
Stein am Rhein 12
Steinbach 139
Steingaden 148
Steingarten 152
Sternberghaus-Köhlerei 88
Stolberg 88
Stralsund 107
Sudelfeld 32, 154
Sudelfeldsattel 32, 146
Suhl 138, 140
Sulzfeld 50
Swatzke 128
Sylvensteinstausee 147

Tatzelwurm 32, 154
Tauberbischofsheim 151
Taunus 56
Tegernsee 147
Tegernseer Berge 32
Teufelsmauer 88
Teupitz 128
Teutoburger Wald 78, 79, 82
Thale 88
Thüringer Schiefergebirge 156
Thüringer Wald 138
Thurmansbang 44
Timmendorfer Strand 103, 156, 157
Titisee 14
Tönning 100
Torfhaus 86
Travemünde 102
Treuchtlingen 38
Treuenbritzen 127
Trial-Europa-Zentrum 58
Trier 67
Tropfsteinhöhle 18
Tuttlingen 18, 21

Uelzen 130, 132, 133
Ulm 23, 25
UNESCO 118
Unteruhldingen 12
Ursprungstal 32
Usedom 107

Vilshofen 44
Vogelsberg 58, 67
Vogtland 134
Volkach 51
Vorarlberg 26
Vorderriß 147

Wagrien 102
Walchensee 30
Waldheim 144
Waldkirchen 44
Walhalla 24, 25
Wallgau 147
Warburg 80
Waren 116
Warnemünde 107
Wartburg 112, 138, 140, 141
Wasserkuppe 60
Weisachtal 48
Wendelstein 32
Wendland 118, 120, 121, 130, 131, 132, 133
Wernigerode 88, 112
Werra 138
Wertheim 50
Wertingen 152
Weser 82
Weser Skywalk 83
Weyarn 33
Wieskirche 148, 150
Wilder Kaiser 32
Wimsener Höhle 20
Wismar 63, 104, 106
Wittenberge 119
Wittstock 117
Wolfratshausen 30, 31
Wörlitzer See 124
Worpswede 62, 65
Wörthsee 34
Wünsdorf 127
Würmtal 34
Würzburg 150, 153
Wurzen 142

Zarrentin 110
Zschoppach 144
Zwiefalten 19, 20
Zwölf Apostel 38

159

Impressum

Danksagung:
Markus Golletz dankt für die freundliche Unterstützung Thomas Rebre, Barbara Enders, Karla Klocke, Alper Sirin, Martin Schwäbe, Frank Heinzl, den Scheckenbachs, DB Autozug, Touratech, Bieberferienhof und Honda Deutschland

Verantwortlich: Claudia Hohdorf
Redaktion: Anette Späth
Layout: Ute Schneider, Rudi Stix
Umschlaggestaltung: Ulrike Huber
Kartografie: Heidi Schmalfuß
Herstellung: Alexander Knoll
Printed in Poland by CGS Printing

Exklusiv für Sie als Leser: MIT GPS-DATEN ZUM DOWNLOAD unter: gps.bruckmann.de

Sind Sie mit diesem Titel zufrieden? Dann würden wir uns über Ihre Weiterempfehlung freuen.
Erzählen Sie es im Freundeskreis, berichten Sie Ihrem Buchhändler, oder bewerten Sie das Werk beim Onlinekauf. Und wenn Sie Kritik, Korrekturen oder Aktualisierungen haben, freuen wir uns über Ihre Nachricht an den Bruckmann Verlag, Postfach 40 02 09, D-80702 München oder per E-Mail an lektorat@verlagshaus.de.

Unser komplettes Programm finden Sie unter

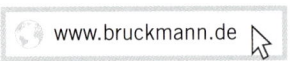
www.bruckmann.de

Alle Angaben dieses Werkes wurden von den Autoren sorgfältig recherchiert und auf den neuesten Stand gebracht sowie vom Verlag geprüft. Für die Richtigkeit der Angaben kann jedoch keine Haftung übernommen werden, weshalb die Nutzung auf eigene Gefahr erfolgt. Insbesondere bei GPS-Daten können Abweichungen nicht ausgeschlossen werden.
Sollte dieses Werk Links auf Webseiten Dritter enthalten, so machen wir uns die Inhalte nicht zu eigen und übernehmen für die Inhalte keine Haftung.
In diesem Buch wird aus Gründen der besseren Lesbarkeit das generische Maskulinum verwendet. Weibliche und anderweitige Geschlechteridentitäten werden dabei ausdrücklich mitgemeint, soweit es für die Aussage erforderlich ist.

Textnachweis:
Rudolf Geser: Touren 1, 3, 4, 6, 7, 8 , 10, 17, 32, 38, 39, 40
Heinz E. Studt: Touren 2, 9, 11, 12, 18, 25, 26, 27, 28, 29, 35, 37
Markus Golletz: 5, 13, 15, 16, 22, 23, 24, 30, 31, 33, 34, 36
Jo Deleker: 14, 19, 20, 21

Bildnachweis:
Die Bilder der Touren stammen vom jeweiligen Autor, mit Ausnahme von:
G. Amberg, S. 137 u., 156 (2); H. Arndt, S. 39, 40 o., 152 Mi.; U. Böhringer, S. 146, 155 u.; Jo Deleker, S. 4 lks., 4/5 Mitte und rechts, 7; M. Golletz, S. 4 (2.v.lks.), 5 re., 8/9; E. Höhne, S. 41, 152 u.; Landeshauptstadt Kiel/Bodo Quante, S. 104 o.; Picture Alliance/dpa, S. 40 u., 132 re.; Picture Alliance/ZB, S. 123, H. E. Studt, S. 5 (2.v.re.), 6, 10, 11, 12 (3); 18 (2), 19, 22, 23, 24, 25, 30, 31, 32, 33, 34, 35, 62, 63 o., 64, 147, 148 (2), 150, 151, 152 o., 153, 154, 155 o.; T. Wengel, S. 93, 94, 122, 124, 125; Wikimedia Commons, S. 105
Umschlagvorderseite: Das Ahrtal (Jo Deleker)
Umschlagrückseite: Auf dem Labussee (Markus Golletz)

Die Deutsche Nationalbibliothek verzeichnet diese Publikation in der Deutschen Nationalbibliografie; detaillierte bibliografische Daten sind im Internet über http://dnb.d-nb.de abrufbar.

Der Titel ist eine komplett neu bearbeitete und mit vielen neuen Touren versehene Neuausgabe des 1999 erstmalig beim Südwest-Verlag erschienenen Titels »Die schönsten Motorradtouren in Deutschland«.

12. aktualisierte Auflage
© 2023, 2022, 2021, 2020, 2019, 2018, 2016, 2015
Bruckmann Verlag GmbH,
Infanteriestraße 11a, 80797 München

ISBN 978-3-7654-5762-3